Python/Excel/SQL
による経済・経営分析の
ためのデータ処理入門

原泰史 著

東京図書

◆本書では，Python 3.x 系および Google Colaboratory, Jupyter Lab, Jupyter Notebook, MySQL, Stata を使用しています.
これらのプロダクトに関する URL：

Project Jupyter

https://jupyter.org/about

Python.org:

https://www.python.org/

Google Colaboratory:

https://colab.research.google.com/notebooks/welcome.ipynb?hl=ja

MySQL:

https://mysql.com

Stata:

https://stata.com

◎この本で扱っているサンプルデータおよび Notebook は，東京図書 Web ページ (http://www. tokyo-tosho.co.jp) および筆者ホームページ (https://sites.google.com/view/ yasushihara/, https://bit.ly/YHARA) から，ダウンロードすることができます。

まえがき

　データサイエンスは、どうやらすっかり当たり前のものになりました。本書『Python・Excel・SQL による経済・経営分析のためのデータ処理入門』では、データサイエンスを行う前に必要な、データそのものを集める様々な方法や手続きに着目します。本書の目的は、経済学や経営学の理論やフレームワークを用いたデータ分析に関心のある読者が、日々の営みの中でデータを見つけ出す方法を手助けすることです。

　2021 年 2 月に『Python による経済・経営分析のためのデータサイエンス』という本を出して以来、色々なリアクションを著者として受け止めてきました。その中のひとつにあったのが、「どのようにデータを集めればよいのか」、「いったいどこにデータがあるのか」といったご意見でした。たしかに、この世界を生きていると、データはありふれているように思えて、その実、本当にデータ分析をしようとすると色々と心が折れる瞬間がやってきます。実際に Excel で分析したり Python や R でデータ分析をするまでの、一般的に「前処理」と呼ばれるような作業を行うまでには、目に見えたり見えなかったりする、いろいろなハードルがあります。本書では、こうしたデータを分析するまでの、細かすぎて伝わりにくいポイントを、できるだけ網羅的に取り上げることを目指しています。前著の姉妹... というよりは、口下手な従兄弟のマニアックなプラモとミニ四駆に詳しいお兄ちゃん (だけど、小学生みんなが憧れる!) みたいな関係性の本になっています。

　具体的には、1. Web API やスクレイピング, Linked Open Data を用いてデータを取得する方法、2. SQL を用いてデータを保持し、そこから欲しいデータを入手する方法、3. Excel や Python を用いてデータを処理する方法などについて取り上げます。

　本書の執筆にあたっては、多くの皆さんに励ましやコメントを頂きました。前著の反省のひとつとして、大学に所属する皆さんの所属元は割と容易に移り変わっていくことがわかったので、それぞれの具体名はここでは記さずに、かわりに執筆中に聴いていた音楽について書き記すことにします。昨今ではプレイリストとも呼びますね。

Anti-Hero(Taylor Swift), Who's Gonna Ride Your Wild Horses(U2), 20220304(Ryuichi Sakamoto), Boat(Ed Sheeran), ゆうがたフレンド (Useful Song)(とんねるず), Brand New Planet(Mr.Children), Absolute Ego Dance (Yellow Magic Orchestra), 赤ずきん (水曜日のカンパネラ), Murder Most Foul(Bob Dylan), Like a Hurricane(Neil Young And Crazy Horse), 八月 (七尾旅人)

　なお、本書の内容は一橋大学経済学部講義『経済学のための実践的データ分析』、学習院大学経済学部・経営学部講義『社会科学のための実践的データサイエンス』および、早稲田大学、慶應義塾大学、神戸大学、政策研究大学院大学、関西学院大学等で実施した出張・ゲスト講義の内容をベースに構成しています。また、本書で取り上げた内容の実ビジネスでの適用可能性については、早稲田大学ビジネススクール、関西学院大学ビジネススクール、日本精工、トヨタ自動車、豊田市役所等での講演で、貴重なフィードバックを数多く得ることが出来ました。ここに深謝します。

　また、執筆にあたっては東京図書の松井誠さんには編集者として多大なるご協力を賜りました。頭を何度下げても下げきれるものではありません！ まさか、前著から今回の出版までの間に、子どもがもうひとり産まれて東から西へと大学も異動するような人生の大転換期を再び迎えるとは思っておらず、多大なるご心配をおかけした次第です。本当にありがとうございました。また、文章のチェックにはハララボ (神戸大学経営学部原泰史ゼミナール) の森上祐輝さんにご協力頂きました。

　最後に。2016 年 12 月、月島のもんじゃ焼き屋での邂逅以来、七転八倒の人生をともに歩んでいる工藤 (原) 由佳さん。そして、2020 年 9 月に生まれてきた通称ちびウサ様と、2022 年 12 月に生まれてきた通称ちびクマ様、日々暴れまわり泣きじゃくり生を謳歌するふたりのわが子に最大限の感謝を。

2023 年 05 月　原 泰史

目　次

困ったときの逆引き事典　　　　　　　　　　　　280

第1章 データを分析する前の、「下ごしらえ」の方法

この章では、データを分析する前に必要な、「データそのものの見つけ方」や「データの処理の仕方」について取り上げたいと思います。データ分析に関する一連の流れを概観した後、社会科学な世界で用いるデータセットについて、簡単な説明を行います。最後に、ChatGPT や Bing AI などの対話型 AI を用いて、これらのデータセットをどの程度収集できるのか、評価したいと思います。

1.1 はじめに

　私たちの身の回りには、いろいろなデータが存在しています。この本では、データを使って社会科学、特に経済学や経営学の理論に基づいて分析を行う際の、データの集め方やデータの見つけ方について、色々な側面から解説したいと思います。今思えばいささか不思議な話ではあるのですが、データを社会科学という世界で利用するときに、私たちが取り扱ってきたのはすでに統計表になっているもの、つまりは、Excel のように、行と列がハッキリ決まっているものと相場が決まっていたのでした。ところが、すっかり世の中では、いろいろなデータが行き交うようになりました。私は何かを見聞きしたり、大きなニュースを見たときには思わず感想を Twitter につぶやいてしまうし、大学で仕事を終えて家に帰るときは、「子どもの保育園の送り迎えには間に合います」と、LINE で連絡を取ったりします。そして、そうした私の移動データはスマホを通じて、

1

携帯キャリアや Google が持っています。私達の行動や購買行動や意思決定や子育てや勉強や人生そのものが、様々なデータでログとして見られるようになっている、不思議な世界に気づけばなったのでした。これらの、形は表になっていないけれど、あるいは、表にはなってはいるけれど、色々と複雑なデータを使えば、今まで社会科学やビジネスの分野であまり取り扱われてこなかった、様々な問題へと対処することが出来るのかもしれません。ビジネス分野での応用がすっかり当たり前のものとなった（ミクロ）経済学と同じく、経営学の分野でも「世界標準の経営理論」という言葉が独り歩きするとともに、データを使った分析というアプローチがかなり当たり前のようになったかと思います。そして、データサイエンスやデジタルトランスフォーメーションという言葉がそこら中であふれ、ビジネスの意思決定の現場ではデータを活用しましょう！ という文言が、正しいこととして広く認識されているように思います（どう「正しい」かは、色々と考える必要はもちろんありますが）。かくして、せっかく色々なデータがあふれ、取得可能で、検知可能で、保存可能で、かつそれらがクラウドを通じて運用・分析出来る世の中になったというのに、人々の営みをつぶさに観察する社会科学という分野でデータを活用しないのはかなり勿体ない話だと思います。あるいは、社内にいろいろなデータが溢れているのに、それらを活用せずに色々な日々のビジネスを動かしていくのも、やっぱり勿体ない気がします。そこで、まずはデータ分析の流れや、どのようなデータセットが利用出来るのか、それらの概要とともに紹介したいと思います。

1.2 データ分析の流れ

さて、ここで一般的なデータ分析の流れを、次ページにまとめてみたいと思います。企業でのデータ分析やアカデミックな基準によるデータ分析で多少の差異はありますが、概ねこうしたフローでデータを活用した分析は行われているように思います。

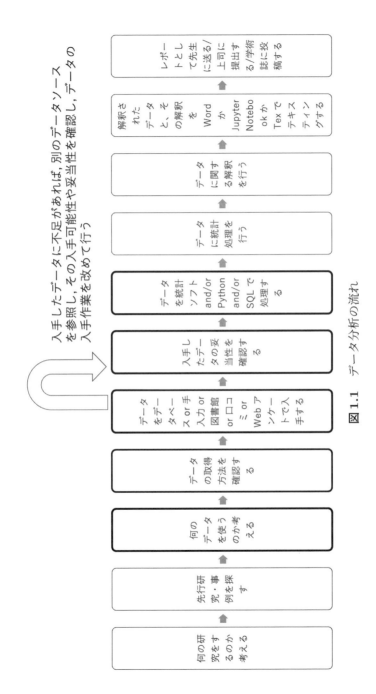

入手したデータに不足があれば，別のデータソースを参照し，その入手可能性や妥当性を確認し，データの入手作業を改めて行う

図 1.1 データ分析の流れ

すべては問いからはじめよ: すべては「問い (Research Question)」からはじまります。何を知りたいか、それは知るべきことなのか、知る必要があることなのか、実は誰かがすでに解き明かした問いなのか。企業の課題として何が問いなのか、自らが研究者として明らかにしたい事象は何か、実はこうした問いを明確にすることはとても大事です。これまでも、これからも本書で何度も取り上げるように、データ自体はそこら中に溢れています。問いとして、何を見たいのかを常に頭の中に置いておくことが肝要です。

先行研究を使って、「巨人の肩の上に立つ」: 続いて行うべきことは、先行研究や先行事例を探すことです。「ぼくのかんがえたさいきょうのけんきゅう」のだいたいは、実は世界中の事例や研究を探せば誰かが手をつけています。誰かがやったことを繰り返す必要はどこにもないので、もし問いに対する答えを知りたいのであれば、わざわざデータを見つけてきて分析するのではなく、答えを明らかにしてくれている先行研究を探せばよいだけなのです。実は、アカデミアだけではなくビジネスでもこうしたアプローチは非常に重要だと思います。あなたの上司がいう、「自社特有の、歴史的経緯にまみれた当社の最重要課題」は、もしかしたら、そこら中の、世界中の企業で同じように起きている些細な事象に過ぎないのかもしれません。矛盾するように聞こえるかもしれませんが、データよりはまずは先行研究在りきであります。また、近年ではオープンアクセスで様々な最新の研究成果が公開されています。書籍を大きな駅の近くの本屋さんに探しにいかずとも、実は世界で行われている最新の研究には触れることが出来ます（と、いうことを書籍で書くのもどうかとは思いますが）。DeepL などのツールを用いれば容易に日本語にも翻訳出来ますし、ぜひ研究を探して読んで、理解することに努めてください。意外に難しくなかったりします。

利用するデータを考える: さて、ようやくデータの話になりました。ここですべきなのは、問いと先行研究に基づき、利用するべきデータを考えることです。不必要なデータを拾い集めていないか、データの取得方法に齟齬がないか、データの取得方法や手順に偏りや誤りがないか、丹念に確認する必要があります。ここで重要なのは、相当手練

ではない限り、Web アンケートでデータを収集するのは危険ということです。毎年秋頃に、ビジネススクールの学生が Google Form や SurveyMonkey で不特定多数の友だちに SNS で呼びかけデータを収集して、たかだか 200 から 300 程度のサンプルサイズでそれを不偏性のないデータと称して定量分析を行ったと自慢げに Facebook に投稿する様子を見て暗澹とする気分になることがあります。そこで、SQL や API を用いたデータの収集方法について本書で取り上げたいと思います。

データの取得方法を確認する: 続いての作業は、データの取得方法を確認することです。利用したいデータが無償なのか、有償なのか。大学にあるのか、他の大学にはあるのか。あるいは社内にあるのか、もしくは社内にあったとしても部署の違いからアクセスには稟議書に沢山の判子あるいは電子署名が必要になるのか。やっぱりあの上司とこの上司の折り合いが悪いので手に入れるのはハードルが高いのか。問題を解決しうるすばらしい問いが思いついたとしても、データが入手出来なければ分析することは出来ません。

データを入手する: 続いて、データの入手に入ります。本書が取り上げるメインの領域はこちらです。どのようにデータを持ってこれるのか、どのようにそのデータを保持出来るのか。API や Web スクレイピングや SQL などの手法に基づき、本書の第 2 章以降で詳述していきたいと思います。

データを (再び) 入手する: さて、データを入手したとしても、そのデータが問いのすべてに答えてくれるとは限りません。そのため、入手したデータの妥当性を確認する作業が必要です。当初計画していたデータセットとは実際の内容が異なることや、あるいは変数やインジケータやパラメータが不足している場合がほとんどです。そのため、入手したデータに不足があれば、別のデータソースを参照し、その入手可能性や妥当性を確認し、データの入手作業を改めて行う必要があります。

ここまでの作業のことを、この世の中ではあるいは「データエンジニアリング (data engineering)」と呼ぶように思います。

(ようやく) データサイエンスという名の統計処理を行う: さて、続いてがこちらも世

の中でよく呼ばれている「データサイエンス (data science)」と呼ばれる領域のことです。すなわち、データを並べたり、可視化したり、回帰分析したり、因果推論する作業のことです。そして、この本を開いた皆さんはよくご存知の通り、こうした分析を行うまでのデータを整理整頓するまでの時間が、永久にも感じられるのです。『Python による経済・経営分析のデータサイエンス』でも書いたように、こうした統計処理は旧来はプログラミングを用いるか、あるいは Stata や SPSS などの統計ソフトを用いることがメインでしたが、現在では Python や R を用いることが主流となりつつあります。あるいは、Julia 派という方もいらっしゃるかもしれません。これらは、複雑な処理ではない限り、たとえば単純な OLS(線形回帰) であれば、Amazon や家電量販店、Apple Store で 5 万円から 15 万円台で購入できる Windows PC/Mac であれば数秒から数十秒で処理が終了します。

データを解釈する: 続いて、出てきた解析結果に解釈を行います。ものすごくシンプルに言えば、p 値との戦いとも言えるかもしれません。先行研究や依拠する学術理論を踏まえて、係数が統計的に有意であるかどうか、それがどのような意味合いを持つのか、そのロジックを説明する必要があります。そして、私達は統計の深達に触れることになります。

データの分析結果を文章にする: 最後は、解釈したデータに基づき文章やプレゼンテーションを作成します。Word や TeX に図を貼り付けたり、Powerpoint できれいに仕上げる作業ともいえます。こうした過程では、データの可視化を活用することが多々あります。従来とは異なり、様々な可視化手法が活用出来るようになっています。

アウトカムにする: 最後に、これを学術論文雑誌のエディターに投稿したり、上司に提出したり、まずは Preprint Server に公開したり、レポートとして大学の先生に提出すれば完成です。そして、学術論文には査読付き論文としての公開を、企業の場合には収益の獲得を狙いましょう。簡単なお仕事ですね！

このようなサイクルを、研究者であれば数ヶ月から数年かけて (長いものでは数十年かけて)、企業のデータサイエンティストであれば数時間から数ヶ月をかけて、それぞ

れのアウトカムを作成しているように思います。

1.3 様々なデータベースのご紹介

　続いて、こうしたデータ処理のプロセスで利用可能なデータベースについて紹介してみたいと思います。この本ではデータベース自体というよりは、API や SQL の使い方を主にご紹介するのですが、やっぱりすぐにデータが Excel 形式で処理出来るものが、なんだかんだで便利です。そこで、さまざまなデータベースとその概要についてご紹介したいと思います[1]。

1.3.1 企業のデータベース

　それでは、どのようなデータベースがあって、どのようにデータを活用しうるかをここから解説していきましょう。図 1.2 に、企業の研究開発からマーケティングまでに対応する主なデータベースを示しています。ここでは、企業の一般的なパターンである、研究開発から調達および生産、販売ひいてはマーケティングに至る一連の流れと、それを観察可能なデータベースの一覧をそれぞれ表しています。こうしたデータセットを用い、時にはそれらを接合し合うことで、企業や企業がつくる財がもたらした効果を定量的に把握することが可能です。

---

[1] なお、本節に掲載している内容のうち、データベースの URL や集録内容などは、数ヶ月から数年スパンで変化しうるものです。私が掲載していた URL ではアクセス出来ない場合にも、Google 検索や bing 検索や生成型 AI を用いて、なんとかたどり着いて頂くことをお願いするばかりです。

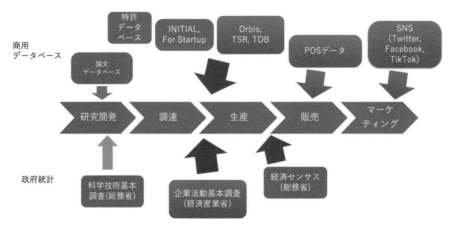

図1.2　企業のデータベース

　また、政府統計を活用することで企業や、企業に所属する発明者の取り組みを解析することが可能です。こうした取り組みの一例としては、文部科学省 科学技術・学術政策研究所 (NISTEP) の全国イノベーション調査[2]、民間企業の研究活動に関する調査（民研調査）、総務省統計局による科学技術研究調査[3]、経済センサス[4] などが挙げられます。こうした調査では、政府および政府研究機関が企業へのサーベイ調査を実施することで、企業における基礎研究や応用研究の投資額、研究分野ごとに従事する研究者の数などを把握することが出来ます。

---

[2] https://www.nistep.go.jp/research/rd-and-innovation/national-innovation-survey
[3] https://www.stat.go.jp/data/kagaku/index.html
[4] https://www.stat.go.jp/data/e-census/index.html

(1.3.2) マーケティング関連のデータベース

　マーケティングといっても、そのカバー範囲や理論的な射程がかなり広いことは、ようやく理解が進みつつあるかと思います。ここでは、流通や販売に関わるデータベースと、オンラインマーケティングに関わるデータベースの両方をご紹介したいと思います。

Rakuten Webservice

`https://webservice.rakuten.co.jp/`

　楽天市場で販売されている商品の情報を、Web API (Application Protocol Interface) 形式で取得することが出来ます。これにより、どのような商品が販売されているのか、あるいは、あるヒット商品がどのような過程で生まれて、どのような波及効果を有するのかを分析することが出来ます。こうした API を利用するためには、一般的には、API 鍵を取得する作業を行う必要があります。鍵を取得し、その鍵情報および入力パラメータとともに URL にアクセスすれば、特定のキーワードで商品情報を取得することが出来ます。楽天 API の活用方法については、第 3 章に詳細を示したので、関心がある場合には是非ともお読み頂ければと思います。

Twitter API v2(Twitter Academic Research)

`https://developer.twitter.com/en/docs/twitter-api`

　ソーシャルメディアである Twitter には、日々人々がいろいろなことを「つぶやいて」います。たまたまコンビニで買った商品の感想から、朝ドラの批評まで。こうしたデータを活用することで、たとえば東京オリンピックをスポンサードした企業に対する人々の反応の変化や、ネット上で「炎上した」企業やその製品への評価が、どのように変化

したのかを辿ることが出来ます。

Twitter では API が提供されており、過去 1 週間分のデータについて、月あたり 50,000 件まで取得することが可能です。また、もしあなたが修士課程以上の学生であれば Twitter Academic Research を申請することが可能です。Twitter Academic Research では、Twitter がサービスラウンチされた 2007 年以降のすべてのツイートについて、月あたり 1000 万件まで取得することができます (※. 2023 年初頭時点)[5]。

これらのデータベースを用いることで、従来はサーベイ調査やケース分析しか出来なかったような、消費者の行動の変化やその動機づけなどについて、より大きなサンプルサイズで分析することが出来るようになります。

1.3.3 生産・販売・調達のデータベース

企業が財を生み出すためには、他の企業から原料を調達する必要があります。こうした企業取引に着目することで、たとえば、トヨタ自動車の系列ネットワークがトヨタ自動車の生産性にどのように寄与しているのかを、よりデータに基づいて解析することが可能になります。ここでは、そうしたデータベースをいくつか紹介します。

帝国データバンク (TDB) COSMOS1/COSMOS2

https://www.tdb.co.jp/index.html

帝国データバンク (TDB) 社は「信用調査」と呼ばれる、企業と企業が取引を開始する際に、互いが信頼に足る企業か否かを判断するための材料を提供するための調

---

[5] Twitter およびその API の提供条件が 2023 年前半段階で著しく変化しているため、Twitter API の利用方法の記述は断念しました。

査会社です。それ故、有価証券報告書などの形で公開されている上場企業の情報の
みならず、非上場や零細・中小企業のデータも幅広くカバーしています。研究でこう
したデータを活用するためには、同社からデータを購入する必要があります。ただ
し、一橋大学大学院経済学研究科と帝国データバンクの共同研究センターである一橋
大学経済学研究科帝国データバンク企業・経済高度実証研究センター (TDB-CAREE;
`https://www7.econ.hit-u.ac.jp/tdb-caree/`) の客員研究員になることで、
こうしたデータを学術目的であれば無償で利用することが出来ます。こちらも、修士課
程以上の学生および教員を対象としています。

For Startup/Startup DB

`https://startup-db.com/`

スタートアップ企業の動向、特に、資金調達の種類やその額を把握するために活用で
きるデータベースです。こちらも、利用には Web サイトへの登録や、有償版の購入が
必要です。学術用途であれば、共同研究契約を締結しデータを入手することも可能です
(例: 関西学院大学アントレプレナーシップ研究センター; https://www.kg-recent.net/)

INITIAL

`https://initial.inc/`

Startup DB と同様に、スタートアップ企業の創業メンバーや資金調達の動向を把握
することに長けたデータベースサイトです。より詳細な情報にアクセスするためには、
INITIAL Enterprise(`https://initial.inc/enterprise`) の契約が必要です。

日経 NEEDS FINANCIAL QUEST

`https://needs.nikkei.co.jp/services/financial-quest/`

前述した帝国データバンクと同じく、企業の財務データや基本情報を取得することが
出来ます。いくつかの大学であれば、学内から利用出来ます。

Orbis

https://www.bvdinfo.com/ja-jp/our-products/data/international/orbis

帝国データバンクや日経 NEEDS FinancialQuest と同様、企業の財務データを幅広くカバーしています。このデータベースの特徴としては、日本のみならず世界各国の企業をカバーしている点が挙げられます。

1.3.4 研究開発のデータベース

製薬産業や自動車産業など、「ものづくり」とも呼称される産業群に属する企業は研究開発を行うことで新製品の開発を行い、それを市場に投入することで、競争優位性を獲得しようとします。こうした取り組みを、研究開発のアウトカム指標から観察する取り組みは、イノベーションの経済学や Evolutionary Economics 等の分野で幅広く行われて来ました。ここでは、こうした分析で活用出来るデータベースをご紹介します。

Scopus(エルゼビア社)

https://www.scopus.com/

英文雑誌を中心に、学術雑誌および書籍の書誌情報をカバーしています。自然科学のジャーナルのカバー率が高い特徴があります。大学や研究機関によっては、契約していない場合があります。

Web of Science (Clarivate 社)

https://www.webofknowledge.com

こちらも英文雑誌の書誌情報をカバーしています。自然科学であれば1898 年、社会

科学であれば1900年からの書誌情報を有しているため、歴史的な分析に一日の長があります。大学が契約してさえすれば、Web版にアクセスすることが出来ます。また、XML形式のRaw Dataを購入することも出来ます。

J-global (科学技術振興機構 [JST])

https://jglobal.jst.go.jp

　日本語の学術論文および特許を幅広くカバーしているデータベースです。CiNII Research (https://cir.nii.ac.jp/) などと組み合わせることで、日本国内の研究動向を把握することが出来ます。

Lens.org

https://lens.org

　英語圏の学術論文および特許情報を包括的にカバーしています。CrossRef, Orcid, Pubmed, Microsoft Academic[6] などの学術論文の書誌情報、EPO、USPTO、IP Australia や WIPO (World Intellectual Property Organization) などの特許情報が検索・分析出来るようになっています。また、APIの提供も行われています。

IIP Patent Database(知的財産研究所)

https://www.iip.or.jp/e/patentdb/

　知的財産研究所が提供する特許データベースです。学術研究用に設計されたデータベースで、発明者や出願人の動向を分析することが出来ます。現在の最新バージョンは2020年版です。

---

[6] 2021年12月にサービスが終了しています。

NISTEP 企業名辞書

https://www.nistep.go.jp/research/scisip/rd-and-innovation-on-industry

　企業の財務データベースと特許データベースを接合して分析する際、非常に有用なのが NISTEP(文部科学省 科学技術・学術政策研究所) が公表している NISTEP 企業名辞書です。企業名の変遷、合併などのデータを辞書方式でまとめているため、ある企業の動態を長期的に分析する際に活用出来ます。また、前述した IIP Patent Database との接続テーブル (http://doi.org/10.15108/data_compdic002_2022_1) も公表しているため、こうした企業名の変遷を織り込んだ形での分析が可能になります。たとえば、松下電器産業とパナソニックは別の会社として特許データベース上では記録されていますが、これらを連結して分析することが可能になります。

特許情報標準データ (書誌・経過情報に関するデータ) および特許 API (特許庁)

https://www.jpo.go.jp/system/laws/sesaku/data/index.html

　特許庁が提供する Raw データおよび試用版 API です。前述の IIP Patent Database ではカバーされていない指標についても取得することが出来ます。

Patents View(米国特許庁 [USPTO])

https://patentsview.org/

　USPTO に出願された特許について、Web 経由もしくは API, Bulk Raw Data を用いて解析することが出来ます。また、発明者や出願人の名寄せデータも提供されています。

日本の研究.com

https://research-er.jp/

大学および研究者による競争的資金の獲得状況および、研究成果のプレスリリースについて確認出来ます。

GRANTS[研究課題統合検索](科学技術振興機構)

`https://grants.jst.go.jp/`

科学技術研究費および JST が提供する競争的資金の情報を把握することが出来ます。

　また、こうしたデータベースを活用することで、大学・研究機関に所属する研究者がどのように特許や学術論文を生み出してきたかを把握することが出来ます。

1.4　分析ツールと分析環境をどうする？

　ここでは、分析ツールと分析環境をどう選ぶかを考えてみたいと思います。

　まず、分析ツールについて。2020 年代にこれからデータ分析の手法を学ぶのであれば、プログラミング言語である Python もしくは R を習得するか、統計ソフトである Stata の利用方法を学ぶことをオススメします。学部を卒業して、新卒や第二新卒で企業に入りデータ分析を担う場合には Python がオススメです。Jupyter Lab/Notebook や Google Colaboratory などを用い、無償でコーディング方法を学ぶことが出来ます。また、社内のデータサイエンス担当部署のノウハウも、おそらく Python で蓄積されているのかなと思います。また、より統計に特化した分析を行いたい場合には、R を学ぶことをオススメします。あるいは、大学院に進み社会科学の研究者を志す場合には、R に加えて Stata を合わせて学習するようにしてください。あなたの修士課程や博士課程の指導教官になると思われる 30 代中盤、40 代から 50 代の社会科学の研究者のほとんどは、実証的な研究の技法について R もしくは Stata を通じて学んでいるからです。

　続いて分析環境について。今日のデータ分析においては、ローカルの PC の中ですべ

てを完結することはほとんどなく、たとえばサーバに接続してSQLからデータを取得したり、SnowflakeやBigQueryからデータを取得して、それをクラウド上でそのまま解析する。などということもかなり当たり前になりつつあるのかなと思います。一方、第二章でも少し触れるように、クラウドや、Google Docsさえ禁止されている職場のITセキュリティ環境も、まだまだ存在するようです。その場合には、やはりExcelとWordとPowerpointですべてを完結することを強いられる訳です。大学の研究者として「だから日本のITの生産性は低い！」と言い出すことは簡単なのですが、この本の目指すところは、それぞれの場所でそれぞれ出来るところから始めるということです。つまりは、ExcelやPython, SQLやBigQueryで出来ることと出来ないことを把握することで、それ以上の分析が必要になった際には、セキュリティを勘案しつつより幅広いツールを利用出来るようにするべく、組織の環境や考え方を変化させる必要があることを、是非念頭に置いて頂ければなあと思う次第です。

　また、"WindowsかMacか"という選択肢も往々にして議論になることがあるように思います。大学生がMacBook AirやMacBook Proを買い求める様子をみて、大学の先生が「社会ではWindowsを使うのだからWindowsにしなさい」とツイートするのは春の風物詩ではあります。私はこの2年ほどWindowsとMacを併用しているのですが、結論としてはどちらでもよいのだと思います。大学の先生が思い込んでいるほどには、社会はWindowsにはロックインしなくなりましたし、Macの使い勝手が劇的にWindowsに比べて良いということもありませんでした。気分の問題です！　確かに、文字コードや特定のソフトウェアが動かないなどの問題もありますが、是非使いたい！と思ったものを選んで頂くのが一番だと思います。

1.5 データ分析の道具をどう使い分ける？

　前節でも示したように、データ分析を行うといっても、データの集め方や技法として活用出来るプログラミング言語やソフトウェアの種類が、この10年でかなり増えたように思います。四半世紀前以上前の話をすると、私がパーソナルコンピューターを使い始めた1995年ごろはExcelとWordとPowerPointが三種の神器で、あとは込み入ったことをするためにはJavaやCなどのプログラミング言語を使う必要があったように思います。研究者向けには、組版システムとしてのLaTeXや、統計ソフトとしてのTSPなどもあったかと思います。少しずつ変わりはじめたのは、Webシステムの基盤としてのLAMP(Linux, Apache, MySQL, PHP)が一般的になった2000年代中盤以降でしょうか。SQLなどのデータベースソフトウェアや、perlやPHPなどの軽量型プログラミング言語が主流になりました。その後、パブリッククラウドやプライベートクラウドの一般化からしばらくを経て、データウェアハウス(Dataware House; DWH)を用いたデータの管理・維持などが民間企業の一部では一般的になりました。一方、一部の企業や組織では、未だにExcel, Word, PowerPoint「だけ」のITシステム環境も存在するのが2020年代初頭の現状のように思います。そして、プログラミング言語としてのRやPythonが、データ分析をはじめ幅広く使われているように思います。また、データを取得する際も、本書で取り上げるように、どこかのサイトからCSVやExcelファイルをダウンロードするだけではなく、Web APIやWebスクレイピングを活用出来るようになりました。

　では、こうした道具をどう使い分けるか？　私のオススメとしては、**使えるものは何でも使う**、ということです。読者の皆様におかれましては、ぜひ色々なツールの中身をそれぞれ理解した上で、そのメリットとデメリットを把握した上で、データを手懐ける自分なりの方法を見出して頂ければと思います。

(1)1990年代後半から2000年代中盤

(2)2000年代中盤から2010年代中盤

(3)2010年代中盤以降

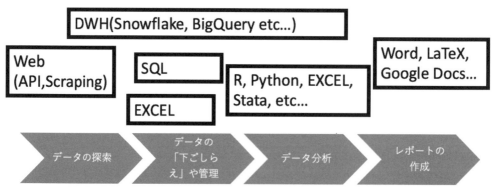

図 1.3　データ分析の道具をどう使い分ける？

1.6 本書で扱う事例について

本書でも、『Python による経済・経営分析のためのデータサイエンス』同様に、出来るだけ具体的なデータに基づきコーディングすることを目指しています。一度公刊すれば内容を差し替えることが困難なのは書籍の宿命ではありますが、データや Web サイトは日々変化して、本書に載せているコードがそのままでは動かないケースも今後出てくるかもしれません。しかしながら、そうしたときの対処方法として、(1) Web 上でのサンプルコードの配布および (2) エラーコードの対処方法についての解説についても盛り込むようにしています。「本が書いている通りに打ち込んだけれど、全然動かない！」ということがプログラミングという作業では、とてもよく起こります。それはまるで、英語教師に習った通りに英語を実際のビジネスの場面で話しても、だいたいはそのシナリオ通りにはうまく物事は運ばず、心が折れるときのように。かくして、本書で取り上げている事例は、2023 年現在の Python, MySQL、Excel およびその関連ライブラリにて実行し、動作を確認しているコーディングになりますことをご承知おきいただければと思います。本書で取り上げている事例を通じてコーディングの流れや考え方をつかんでいただき、ご自身が直面している課題に応用して頂けることを願うばかりです。

本書の最初にも明記していますが、Notebook やサンプルデータについては、東京図書のホームページや筆者のホームページにて頒布しています。本書と合わせ、これらのサイトもご確認頂ければと思います。

- 東京図書 Web ページ
  - `http://www.tokyo-tosho.co.jp`
- 筆者ホームページ
  - `https://sites.google.com/view/yasushihara/`
  - `https://bit.ly/YHARA`

1.7 本書の読み進め方

実のところ、僕は本を後ろの「あとがき」から読むのが好きなタイプです。星新一は
オチから読み出してもそんなにおもしろくないかもしれませんが、ミステリーでも、最
初に犯人を調べてから謎解きを楽しんだりします。・・・妻に話したところ、どうやら
マイノリティであることがわかって驚いたのですが。

この本も、実のところ色々と内容を詰め込んでいるので、著者のオススメの読み進め
方を記しておきます。

- 初学者の場合: おそらく、みなさん Excel は義務教育の授業中や、大学一年生の
「Word, Excel, Powerpoint の使い方」講義などで触れられたことがあるかと思い
ます。そのため、まずはその延長線上として、Excel でデータを処理したり、つな
ぎ合わせる方法などについて学んで頂くのが妥当かと思います。Python や SQL
などには、順番に慣れて頂くのがよいのかなとおもいます。
- 中級者の場合: Excel や Python や SQL など、自らがデータ処理にメインで使いた
い章から読み進めて頂くのが妥当かと思います。たとえば、Excel でデータ処理を
進めていると、どうしてもデータ量上分析が行えないことが発生します。そうした
ときに、Python や SQL の出番がやってくるので、自らの業務や研究上のニーズ
に合わせて、ツールを使い分けることを意識して頂けるとよいのかなと考えてい
ます。

1.8 生成型 AI(ChatGPT, Bing, Google Bard) で データを探す

> 2023 年初頭から話題になっているのが、OpenAI 社が開発した ChatGPT(`https://chat.openai.com/`) と呼ばれる生成型 AI(人工知能) です。このツールを用いて、データを検索してみることにしましょう。なにより、AI がやってくれさえすれば、この本の残りに書かれているツールや技法を利用する必要がまったくないですからね！

1.8.1 ChatGPT3.5

たとえば、「日本企業の動向がわかる主なデータベースについて教えてください。」という質問を ChatGPT3.5 に尋ねます。結果は以下の通りです。

```
1  日本企業の動向を調べるために利用できる主なデータベースは以下の通りです。
2
3  東京商工リサーチ（東京商工会議所）：企業の信用調査や経営状況に関する情報
4  を提供するデータベース。企業データや財務データ、業界動向、市場規模や市場
5  シェア、不動産情報などが収録されています。
6
7  三菱UFJリサーチ&コンサルティング：企業や業界の市場調査やコンサルティング
8  サービスを提供する企業。マーケットリサーチ、産業調査、競合分析、企業評価な
9  どに関するデータベースがあります。
10
```

11 `Yano Research Institute` （矢野経済研究所）：各種産業や市場に関する

12 調査・分析報告を行う総合調査研究機関。産業研究や市場規模予測、企業動向、

13 流通・販売チャネル、消費者行動、テクノロジー動向などのデータベース

14 があります。

15

16 `Nikkei Telecom 21`：日本経済新聞社が提供するビジネス情報サービス。

17 企業ニュース、財務・会計情報、株式情報、海外事業情報、リサーチ・調査情報

18 などのデータベースがあります。

19

20 `INTAGE` （インテージ）：市場調査やビジネスインテリジェンスの分野で活躍する

21 総合調査会社。消費者動向調査、マーケティングリサーチ、顧客満足度調査、

22 販売動向調査などのデータベースがあります。

23

24 これらのデータベースを利用することで、日本企業の動向を把握し、ビジネス戦略

25 や投資判断などに役立てることができます。ただし、それぞれのデータベースの

26 特徴や内容について事前に調べ、適切な情報収集方法を選択することが重要です。

　いかにもそれっぽいリストが返ってきますが、読者の皆様におかれましてはぜひとも細かくファクトチェックをお願いする次第です。たとえば、1つ目に「東京商工リサーチ(東京商工会議所)」という文言が並んでいますが、これらふたつの組織は当然ながら違う事業体です。このように、単純に質問を問うだけでは少し心許ないのが少なくとも日本語を利用した場合のChatGPT3.5の現状のようです。

プロンプトを用いてデータを探す

　さて、もう少しChatGPTの可能性を探ってみたいと思います。続いて、プロンプト

エンジニアリングあるいはプロンプトプログラミングと現時点では呼称されている手法を使って、スタートアップのデータを収集したいと思います[7]。ここでは、日本のスタートアップの主要なデータを、ChatGPT に集めてもらうことにします。売上や資本金、従業員や資金調達などの情報をまとめてもらうことにしました。

```
1   目標：日本の主なスタートアップ企業の業績データを作成する
2
3   スタートアップ企業の数：　3
4   スタートアップ企業の数に対して実在するスタートアップ企業の代表例を設定して
5   スタートアップ企業を具体的に表現してからスタートアップ企業を使用してくだ
6   さい。スタートアップ企業の表現の仕方は何のスタートアップ企業であるかを明確に
7   書いてください。かつ、名前やバックグラウンドをすべて検討して書いてください。
8
9   プロンプト1：
10
11  抽象オブジェクト：[抽象オブジェクトを記述]
12  サブオブジェクト：[サブオブジェクト1]、[サブオブジェクト2]、
13  [サブオブジェクト3]...
14
15  企業名：[企業名1]…
16  企業家：[企業家1]...
17  売上：[売上1]…
```

---

[7] 詳細については、Prompt Engineering Guide (https://www.promptingguide.ai/jp) などをご参照ください。また、プロンプトの作成にあたっては https://twitter.com/HaveShun/status/1638915003452637184 を参照しました。

```
18  資本金：[資本金1]…
19  従業員：[従業員1]、[従業員2]、[従業員3]…
20  資金調達：[資金調達1]、[資金調達2]、[資金調達3]...
21  知的財産：[知的財産1]、[知的財産2]、[知的財産3]...
22  沿革：[沿革1]、[沿革2]、[沿革3]...
23
24  プロンプト1を実行して、複数の回答を収集してください。
```

　結果は以下のようになります。なんだかそれっぽい情報が並んでいますが、でも、ツッコミを入れたくなる箇所が複数見受けられるようにも思います。

```
1   企業名：Preferred Networks(株式会社PFN)
2   企業家：松尾豊
3   売上：約44億円(2020年度)
4   資本金：6億6千万円
5   従業員：約500名
6   資金調達：累計350億円以上
7   知的財産：特許100件以上、実用新案40件以上、商標70件以上
8   沿革：2014年創業、2016年にはAI技術を活用した画像認識エンジンをリリース、
9   2020年にはAI技術を活用した車載システムを開発
10
11  企業名：Chatwork
12  企業家：古川　裕隆
13  売上：約24億円（2020年度）
14  資本金：3億2,000万円
```

従業員：約150人（2021年4月時点）

資金調達：総額約32億円（2021年4月時点）

知的財産：約45件の特許、商標登録約170件

沿革：2011年に創業し、2013年にChatworkをリリース。以降、国内外で急成長し、現在ではグループウェア・ビジネスチャットアプリの代表的存在として知られる。2020年には、アメリカのNASDAQ市場に上場を果たした。

企業名：Moneytree

企業家：ポール・チャップリック、ロス・シェリング

売上：非公開

資本金：2億2,000万円

従業員：約140人（2021年4月時点）

資金調達：総額約44億円（2021年4月時点）

知的財産：約10件の特許、商標登録約30件

沿革：2012年に創業し、スマートフォン向けの個人財務管理アプリ「Moneytree」をリリース。2016年には、クラウドファンディングを活用した資金調達に成功し、以降、急成長を遂げている。現在は、個人・法人向けの決済サービスや金融サービスも展開している。

　こうしてまとめてもらえるだけでもありがたいのですが、では、これを表にしてみましょう。ChatGPT に、

項目に基づき、これまでの出力結果を表にしてください

と尋ねると、以下のような表形式のデータを返してくれます。ううむ、どうも色々と変なところがある気がします！

以下は、プロンプト1の回答から作成された表です。

企業名	企業家	売上	資本金	従業員数	資金調達	知的財産	沿革
Preferred Networks	杉山将	182億円 (2020年度)	144億円 (2018年)	約400人 (2021年1月現在)	累計約110億円 (2021年1月時点)	特許50件以上、出願中の特許件数300件以上	2014年に創業、2017年にAI分野に特化した開発体制を整備
SmartHR	江端健太	7.4億円 (2020年1月-12月期)	4億7,000万円 (2017年12月)	約320人 (2021年3月現在)	累計約65億円 (2020年12月時点)	特許出願は未公表	2016年に創業、2018年にサービス提供開始
Raksul	塩崎恭久	559億円 (2020年度)	46億円 (2018年12月)	約1,200人 (2021年2月現在)	累計約200億円以上 (2020年7月時点)	特許出願は未公表	2009年に創業、2013年にオンライン印刷サービスを提供開始

注意：これらのデータは2021年～2022年の間に入手され、更新されている可能性があります。また、これらのデータは公式のデータソースから取得されたものではなく、正確性を保証するものではありません。

図 1.4　ChatGPT が生成したスタートアップ企業リスト

1.8.2 Microsoft Bing

Microsoft が提供する Bing(https://www.microsoft.com/ja-jp/bing) に搭載された生成型 AI の場合、日本のスタートアップについて尋ねると以下のような情報を返してくれます。

日本の主なスタートアップ企業については、Forbes Japan が200社を一挙掲載しています[2]。また、「Ohaco18」では、学生が創業することが多く、今までにない新しい事業を、大きな赤字を掘って成長させ、あっという間に世界に広め、事業を確立してから上場する、といったイメージを持っている方が多いと説明しています[3]。「STARTUP DB（スタートアップデータベース）では「17473」件のスタートアップ企業の一覧ページがあります[4]。

以上の情報を参考に、目標達成に向けて進めてみてください。

ソース: Bing との会話 2023/4/7(1) 200社一挙掲載！日本のスタートアップ大図鑑 | Forbes JAPAN .... https://forbesjapan.com/articles/detail/60648 アクセス日時 2023/4/7.
(2) 【2021】スタートアップ企業とは？ 日本で注目の企業20選を一覧 .... https://ohaco18.jp/2207 アクセス日時 2023/4/7.

12 (3) スタートアップ一覧｜STARTUP DB （スタートアップデータベース）.

→ https://startup-db.com/companies アクセス日時 2023/4/7.

13 (4) 【2021】スタートアップ企業とは？ 日本で注目の企業20選を一覧 .... h」

→ ttps://bing.com/search?q=%e6%97%a5%e6%9c%ac%e3%81%ae%e4%

14 b8%bb%e3%81%aa%e3%82%b9%e3%82%bf%e3%83%bc%e3%83%88%e3%82%

15 a2%e3%83%83%e3%83%97%e4%bc%81%e6%a5%ad アクセス日時 2023/4/7.

1.8.3 Google Bard

また、2023年5月11日より提供が開始された Google の生成型 AI Bard(https://bard.google.com/) に、同じくスタートアップに関する質問を尋ねました。

1 2013年以降に設立された日本の代表的なスタートアップについてリストを

2 表形式で作成してください。

3 このとき、

4 ・企業名

5 ・売上高

6 ・従業員数

7 ・資金調達額

8 ・IPOの有無

9 ・事業内容

10 ・所在地

11 ・設立年

```
12  ・所在地

13  を明記してください。
```

　返答として、以下のような表を返してくれました (表 1.1, 1.2)。2013 年という条件は
なぜか一部スルーしている様子なのですが、企業名や売上高などは、かなり妥当な数字
を並べてくれているように思います。ただし、卒論やゼミのレポートに使うと、大学の
先生が「出典を言いなさい」と言い出しそうな気がします。

表 1.1　Bard が作成したスタートアップリスト (その 1)

企業名	売上高（2021 年）	従業員数（2021 年）	資金調達額（2021 年 12 月時点）
AnyMind Group	1,000 億円	2,000 人	1,000 億円
メルペイ	1,000 億円	1,000 人	500 億円
LayerX	100 億円	300 人	300 億円
CAMPFIRE	50 億円	300 人	300 億円
マネーフォワード	1,000 億円	2,000 人	1,000 億円
freee	1,400 億円	1,900 人	1,800 億円
BASE	1,000 億円	1,000 人	1,000 億円
SmartHR	200 億円	700 人	1,000 億円

　ここまで、ChatGPT、bing AI および Google Bard を使って、データを探索してみ
ました。さて、この本が主張したいのはこれらの生成型 AI に頼らず、データベースや
書籍やデータを丹念に自分の手で調べなさい！ ということでは決してありません。あ
くまで、テクノロジーの進化は最大限に利用するべきです。大昔は図書館の書庫の奥
底で丹念に調べる必要があった過去文献の探索は、World Wide Web の登場によって
デジタル化され、今では Google Scholar や Web of Science を使えば、ほとんどはイン
ターネット上で行うことが出来ます。あるいは、国会図書館のデジタルデータを活用す

表1.2　Bard が作成したスタートアップリスト (その 1 の続き)

IPO	事業内容	所在地	設立年
未上場	デジタルマーケティング・E コマースプラットフォーム	東京都港区	2013 年
未上場	電子決済サービス	東京都港区	2016 年
未上場	ブロックチェーン技術	東京都千代田区	2014 年
未上場	クラウドファンディングサービス	東京都渋谷区	2011 年
未上場	金融サービス	東京都港区	2012 年
未上場	クラウド会計ソフト	東京都品川区	2012 年
未上場	ネットショップ作成サービス	東京都渋谷区	2012 年
未上場	クラウド人事労務ソフト	東京都港区	2013 年

ることで、過去のデータを探索することが可能です。こうした技術の進化は否応無しに
やってきて、我々は都度都度技術の活用スタイルを変化させていく必要があるわけで
す。読者の皆様におかれましては、こうしたツールについては是非自らの手で評価を行
い、どこまで活用出来るのか、あるいは信頼出来る部分がどこまでなのかを判断して頂
ければと考えています。

第2章 すべてはExcelからはじめよう

> データサイエンスの時代とはいっても、いろいろな世界にあるすべての PCやMacに自由にJupyter NotebookやR Studioをインストールできたり、あるいは、自由にGoogle Colaboratoryにアクセス出来たりするわけではありません（非常に残念ながら！）。そこで、この章ではBack to the Basicということで、Excelでのデータ処理の方法について改めておさらいしたいと思います。

2.1 はじめに

　さて、この章ではExcelを改めて使ってみたいと思います。え！？　今さらExcel? と思われる方と、やっぱりExcelだよねえ... と思われる方が居るのかもしれません。前著を出版してから、色々な企業や大学でデータサイエンスやデジタルトランスフォーメーション (DX) の話をさせて頂く機会が増えたのですが、気づいたことは、Twitterで有名なインフルエンサーがいうほど、あるいは大学の先生が煽り立てるほどには、PythonもRもほとんどのみなさんにとってはまだまだ縁遠いということでした。そうした状況が起きているひとつの理由として、PythonやRの実行環境が日本の組織内で利用できる業務用PCでは自由に利用することが困難な状況が続いているということです。IT系の企業で勤めているみなさんにとっては昭和の、サザエさんの磯野波平さんが勤めている会社の話に聞こえるかもしれませんが、個人のアカウントがPCに用意されて

おらず、かつインターネットへの接続が一切禁止されている業務用 PC は、この社会の
あちらこちらにまだまだ多く存在しているようです。そうした組織のみなさんからのリ
クエストとして、「データサイエンスの一端の分析を Excel でできるようにしてほしい」
というものがありました。そこで、このような章を設けた次第です。こうした Excel で
の操作になれている皆さんにおかれましては、適宜スキップして頂くと同時に、何か
困ったことがあれば改めて読み返して頂ればと思います。

2.2　下準備

　まずは、この章で利用するデータについてご紹介したいと思います。ここでは、架
空の個人情報リストを自動的に生成することで、Excel のテーブルを作成しています[1]。
データとしては、以下のような項目が含まれています。

- 氏名
- 氏名（カタカナ）
- 性別
- 電話番号
- メールアドレス
- 郵便番号
- 住所
- 住所（カタカナ）
- 住所（ローマ字）

---

[1] こうした架空のデータ生成ツールは複数存在します。http://kazina.com/dummy/ などをご参照くだ
さい。

- 生年月日
- 年齢
- 出身地
- 血液型
- 乱数
- パスワード

リストは以下のような様式になっています。Excel でよくありがちな、列ごとに変数がまとめられていて、行がひとつひとつ独立したデータになっています。なお、あくまで架空のデータになっているので、メールアドレスをよくよくみると存在しないドメイン名になっていたりします。このリストには、全部で 5,000 人の (架空の) 個人情報が掲載されています。

連	氏名	氏名（カタカナ）	性	電話番号	メールアドレス	郵便番	住所	
1	小峰友菜	コミネユウナ	女	0546463951	xaponscuyuuna870@wvndvvmam.nvamh.ekk	436-0092	静岡県	掛川市
2	福山久雄	フクヤマヒサオ	男	0980232797	hisao402@kuns.rd.kt	904-0321	沖縄県	中頭郡読谷村
3	小椋絢乃	オグラアヤノ	女	0955135351	ayano511@eljytrtxmt.vdu	849-0301	佐賀県	小城市
4	渡部武英	ワタナベタケヒデ	男	0227518897	xyqavhhiqqyutakehide869@xckjdmt.tg	988-0345	宮城県	気仙沼市
5	沢三夫	サワミツオ	男	0576654345	mitsuo1533@igiroviric.gau	501-4202	岐阜県	郡上市
6	末永健二	スエナガケンジ	男	0863503746	kenji8015@qkdxd.dxn.yzl	709-2552	岡山県	加賀郡吉備中央町
7	高見知治	タカミトモハル	男	0865128070	utakami@sxsq.upz	701-4303	岡山県	瀬戸内市
8	奥野正次郎	オクノショウジロウ	男	0980268177	Shoujirou_Okuno@fkus.pxz	905-1422	沖縄県	国頭郡国頭村
9	大崎涼花	オオサキスズカ	女	0553616846	suzukaoosaki@zrjlgeu.xki	404-0033	山梨県	甲州市
10	平尾柚子	ヒラオユズ	女	0779732934	Yuzu_Hirao@zquuuc.nqs	914-0015	福井県	敦賀市
11	岩崎秋夫	イワサキアキオ	男	0740884765	wwdyctjakio677@xqbvdx.cp	520-3431	滋賀県	甲賀市
12	竹本隆吾	タケモトリュウゴ	男	074090151	otakemoto@mcbqg.di	526-0033	滋賀県	長浜市
13	影山凛乃	カゲヤマリノ	女	0855370327	gwptjlydetjdrino5544@fuygqglnt.tn	692-0213	島根県	安来市
14	谷川貴子	タニガワタカコ	女	0946827358	takakotanigawa@kuzer.sze	819-0381	福岡県	福岡市西区
15	宮原一男	ミヤハラカズオ	男	0173762806	twzjnbomco=-kazuo00859@jmhgopf.bm	036-0162	青森県	平川市
16	水島日向	ミズシマヒナタ	女	0852230759	aefxac=xhcrohinata71185@hiwvl.cf	699-5202	島根県	鹿足郡津和野町
17	野沢貞行	ノザワサダユキ	男	0898443870	sadayuki_nozawa@atxyewr.nj	799-0711	愛媛県	四国中央市
18	白川常夫	シラカワツネオ	男	0254488604	Tsuneo_Shirakawa@fvnyj.yrz	952-0714	新潟県	佐渡市
19	碓井丈夫	ウスイタケオ	男	0987091899	xkbvawrk-kntakeo4032@gowo.ylr	889-0503	宮崎県	延岡市
20	米沢直吉	ヨネザワナオキチ	男	019687043	naokichi02707@zzdl.yy.vp	028-6953	岩手県	二戸市
21	白木友治	シラキトモジ	男	0258223522	ishiraki@onlbrvhy.dd	959-2314	新潟県	新発田市
22	松井武夫	マツイタケオ	男	0985332935	takeo259@keblkimlt.lzn.gs	880-0905	宮崎県	宮崎市
23	金谷結依	カナヤユイ	女	0194001594	miam-nyui950@kkeyt.yd	023-0867	岩手県	奥州市

図 2.1 Excel で作られた架空のデータリスト

2.3　if関数を利用する

．．．＞

　社会科学な学部生の計量経済学の講義で使いがちな、ダミー変数を if 関数を用いて作成してみましょう。まず、先程のデータの列の項目に「性別」があることが確認出来ます。こちらを参照することで、1 と 0 から構成されるカテゴリ変数を作成しましょう。

　ここでは、新しい列を作成し、以下のようなコマンドを入力します。

```
=IF(D2="男",1,0)
```

　この関数が何をしているかというと、まず D2 セルを参照して、その中身が何かを確認しています。そして、そこに書かれている文字列が"男"の場合には、2 つ目の引数で書かれているもの、そうではない場合には、3 つ目の引数で書かれていることを打ち返します。そのため、D2 を参照したときそこに書かれている文字列が「男」の場合には 1 を、そうではない場合には 0 を書き込むことになります。

　続いて、これを最後まで適用することにしましょう。オートフィル機能を用いて、すべての行にこの if 関数を適用します。これを行うには、セルの右下にカーソルを動かし、＋を表示させます。ダブルクリックすることで、最終行まで同じ関数を適用させます。このとき、参照するセルが自動的に変更されます。すなわち、D2, D3, D4... と、自動的に参照先を変更してくれます。

　結果を次のページに示します。性別という列に、0 と 1 が入力されていることが確認出来ます。

	生年月日	年	出身地	血液	乱数	パスワード	性別
	1984/03/03	38	長野県	O	911	1rzJeuqy	0
	1949/11/29	72	山梨県	AB	993	_gJxsXP4	1
	1933/02/17	89	群馬県	A	82	02EIPuYE	0
	1984/10/10	38	神奈川県	A	408	EVWgy3hk	1
	1968/08/26	54	徳島県	B	676	RUcIMrBE	1
	1980/07/12	42	沖縄県	B	653	y1jrkvjq	1
-shon205	1985/01/17	37	広島県	A	732	OJo-qXtr	1
	1935/04/17	87	長崎県	A	609	VCxu9Ysb	1
	1961/08/27	61	静岡県	A	537	1H90WTLA	0
	1997/06/28	25	佐賀県	O	473	1jR0mh5o	0
	1956/08/28	66	三重県	A	163	I403LHx_	1
	2001/12/25	20	沖縄県	B	250	vISN1WNQ	1
	1945/09/23	77	神奈川県	A	936	qy215VMv	0
	1938/08/15	84	長崎県	A	74	oUlWaBwk	0
	1986/04/22	36	東京都	B	944	tWLgEVbg	1
	1938/04/01	84	宮城県	A	642	b8FWSePc	0
	1997/09/04	25	新潟県	B	3	Grx2LL88	1
	1952/03/29	70	島根県	O	583	zp5XosRa	1
	1941/04/17	81	滋賀県	AB	304	1JkMWQII	1
	1966/10/31	55	奈良県	A	734	1Dls5tLc	1
	1955/01/20	67	滋賀県	O	97	MkiheDkn	1
	1960/01/27	62	徳島県	AB	209	-z8H3VzB	1
	1953/02/23	69	福岡県	B	541	1lts3VCB	0

図 2.2 Excel によるデータ処理

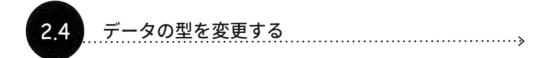

2.4　データの型を変更する

　続いて、何のためかよくわかりませんが、この中にあります年齢の合計を求めてみたいと思います。ところが、図2.2をよくよく見ると(いつも見慣れている)Excel のセル

の配置とは異なり、年齢がセルの左端に寄っていることがわかります。また、緑色のハイライトもされていることがわかります。そこをカーソルでハイライトすると、どうやらこの列は文字列として Excel として認識されていることがわかります。このままですと、足し算をすることが出来ないので、数字に変更する作業を行うことにします。丹念に、ひとつのセルずつ変更すればよいのですが、かなり面倒ですし、朝礼直後からはじめてもお昼ごはんまでに終わらない気がします。そこで、一括して変更してみたいと思います。

▼		生年月日 ▼	年齢 ▼	出身地 ▼	血液 ▼	乱 ▼	パスワー ▼	性別 ▼	左利き? ▼
	Nakamachidori-mu206	1984/03	38	長野県	O	911	1rzJeuqy	0	0
-8	Roiyaruparesuuechi104	1949/11/29	72	山梨県	AB	993	_gJxsXP4	1	1
-18		1933/02/17	89	群馬県	A	82	02EIPuYE	0	0
-1		1984/10/10	38	神奈川県	A	408	EVWgy3hk	1	0
-9		1968/08/26	54	徳島県	B	676	RUcIMrBE	1	1
-7		1980/07/12	42	沖縄県	A	653	y1jrkvjq	1	0
	Ushimadochoukashinosute-shon205	1985/01/17	37	広島県	A	732	OJo-qXtr	1	1
-7	Ginamaterasu116	1935/04/17	87	長崎県	A	609	VCxu9Ysb	1	0
-10	Enzanakaorando408	1961/08/27	61	静岡県	A	537	1H90WTLA	0	0
6		1997/06/28	25	佐賀県	O	473	1jR0mh5o	0	1
		1956/08/28	66	三重県	A	163	I403LHx_	1	1
-20	Hirakatachousute-ji403	2001/12/25	20	沖縄県	B	250	vISN1WNQ	1	1
1		1945/09/23	77	神奈川県	A	936	qy215VMv	0	0
10		1938/08/15	84	長崎県	A	74	oUIWaBwk	0	1
18		1986/04/22	36	東京都	B	944	tWLgEVbg	1	0
-5		1938/04/01	84	宮城県	A	642	b8FWSePc	0	0
-14		1997/09/04	25	新潟県	B	3	Grx2LL88	1	1
-12	Hausuminamishimbo412	1952/03/29	70	島根県	O	583	zp5XosRa	1	1
-20	Rejidensuigadamachi300	1941/04/17	81	滋賀県	AB	304	1JkMWQII	1	0
		1966/10/31	55	奈良県	A	734	1DIs5tLc	1	1
		1955/01/20	67	滋賀県	O	97	MkiheDkn	1	1
		1960/01/27	62	徳島県	AB	209	-z8H3VzB	1	1
-12		1953/02/23	69	福岡県	B	541	1lts3VCB	0	0

図 2.3 文字列になっている状態のデータセット

「区切り位置」という機能を用いて一括してデータの型を変更することにします。この年齢というデータが含まれている X 列について、一番上の X 列の部分をクリックすることで、列ごと選択します。続いて、メニューの部分から [区切り位置] というアイコ

ンをクリックします。

図2.4　列を選択し、[区切り位置] アイコンをクリックする

J	V	生年月日	年齢	出身地	血液	乱	パスワード	性別	左利き?
	Nakamachidori-mu206	1984/03/03	38	長野県	O	911	1rzJeuqy	0	0
-8	Roiyaruparesuuechi104	1949/11/29	72	山梨県	AB	993	_gJxsXP4	1	0
-18		1933/02/17	89	群馬県	A	82	02ElPuYE	0	0
-1		1984/10/10	38	神奈川県	A	408	EVWgy3hk	1	0
-9		1968/08/26	54	徳島県	B	676	RUclMrBE	1	1
-7		1980/07/12	42	沖縄県	B	653	y1jrkvjq	1	0
	Ushimadochoukashinosute-shon205	1985/01/17	37	広島県	A	732	OJo-qXtr	1	1
-7	Ginamaterasu116	1935/04/17	87	長崎県	A	609	VCxu9Ysb	1	0
-10	Enzanakaorando408	1961/08/27	61	静岡県	A	537	1H90WTLA	0	0
6		1997/06/28	25	佐賀県	O	473	1jR0mh5o	0	1
		1956/08/28	66	三重県	A	163	I403LHx_	1	0
-20	Hirakatachousute-ji403	2001/12/25	20	沖縄県	B	250	vlSN1WNQ	1	0
1		1945/09/23	77	神奈川県	A	936	qy215VMv	0	0
10		1938/08/15	84	長崎県	A	74	oUIWaBwk	0	1
18		1986/04/22	36	東京都	B	944	tWLgEVbg	1	0
-5		1938/04/01	84	宮城県	A	642	b8FWSePc	0	0
-14		1997/09/04	25	新潟県	B	3	Grx2LL88	1	0
-12	Hausuminamishimbo412	1952/03/29	70	島根県	O	583	zp5XosRa	1	0
-20	Rejidensuigadamachi300	1941/04/17	81	滋賀県	AB	304	1JkMWQII	1	0
		1966/10/31	55	奈良県	A	734	1Dls5tLc	1	1
		1955/01/20	67	滋賀県	O	97	MkiheDkn	1	0
		1960/01/27	62	徳島県	AB	209	-z8H3VzB	1	1
-12		1953/02/23	69	福岡県	B	541	1lts3VCB	0	0

　すると、「区切り位置指定ウィザード」という別ウィンドウが開きます。ラジオボタンにて、「区切り記号付き」と「固定長」のふたつから選択出来ますが、ここではデフォルトの「区切り記号付き」を選択したまま、「次へ >」をクリックします。

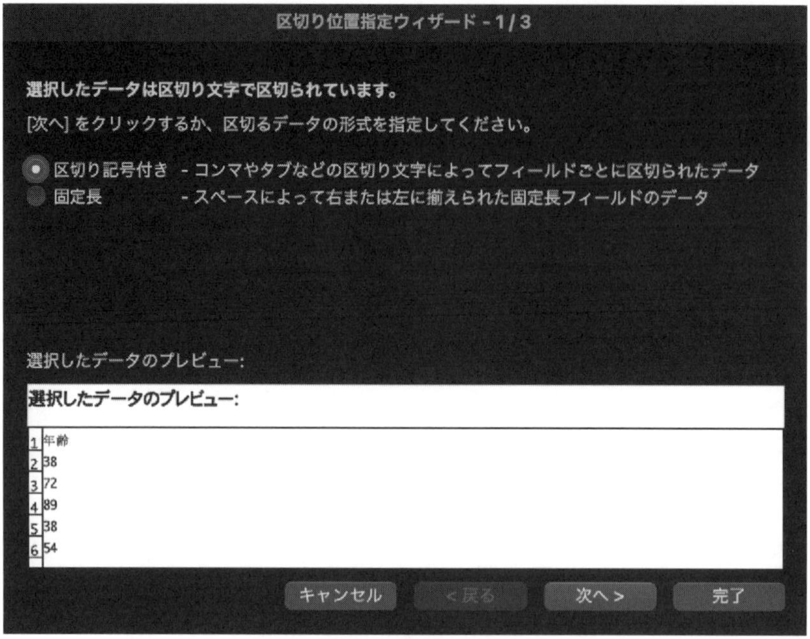

区切り位置指定ウィザード - 1/3

選択したデータは区切り文字で区切られています。

[次へ] をクリックするか、区切るデータの形式を指定してください。

- ● 区切り記号付き - コンマやタブなどの区切り文字によってフィールドごとに区切られたデータ
- ○ 固定長   - スペースによって右または左に揃えられた固定長フィールドのデータ

選択したデータのプレビュー:

選択したデータのプレビュー:

1	年齢
2	38
3	72
4	89
5	38
6	54

キャンセル ＜戻る 次へ＞ 完了

図 2.5　区切り位置指定ウィザード 1/3

　続いて、「区切り位置指定ウィザード 2/3」に遷移します。ここでは、区切り文字とし
て [タブ] を選択したまま「次へ ＞」をクリックします。

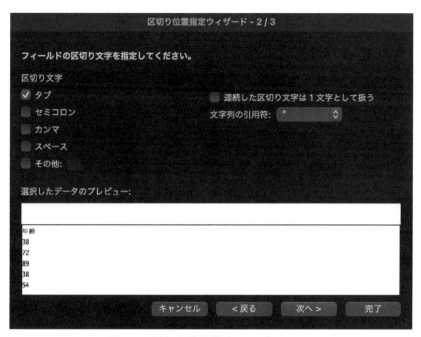

図 2.6　区切り位置指定ウィザード 2/3

　続いて、「区切り位置指定ウィザード 3/3」に遷移します。ここで、列のデータ形式を選択します。デフォルトで選択されている、標準をこのまま指定します。もし文字列や日付などを指定する場合には、対応するラジオボタンをクリックします。最後に、[完了] をクリックします。

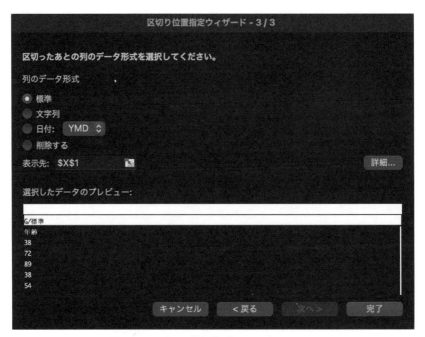

図 2.7 区切り位置指定ウィザード 3/3

　結果を次ページの図に示します。先程の図とは異なり、X 列のデータがセルの右端に
並んでいることがわかります。また、メニューに表示されているデータ形式を確認する
と、「標準」と掲載されていることがわかります。このような手順を踏むことで、列の
データの型をまとめて変更することが出来ます。かくして、何のためにかはよくわかり
ませんが、これで年齢の合計が計算できるようになります。

図 2.8　数字として処理できるようになる

2.5 SUM 関数を利用する

さて、ようやく下準備が終わりましたので合計を求めてみましょう。シート上の特定のコラムに、「年齢の合計」などと書いてあとからわかるようにしておき、続いて、隣のコラムに以下のような関数を打ち込んでみましょう。

```
=SUM(X2:X5001)
```

ここでは、SUM という関数を用いて X 列の 2 行目から 5001 行目までを足し合わせています。結果は以下の通りです。年齢の数値の合計が計算できました。

	1977/02/12		45	福井県	A	829	N6w9nYFz
	1992/08/15		30	沖縄県	O	503	BAT70Ajf
	1997/09/26		25	北海道	A	325	3SoV7xOx
	1969/07/06		53	山梨県	A	883	x2u04Db8
	1942/03/31		80	愛知県	A	97	dC1jrHTc
	1981/08/06		41	山口県	A	998	4JqO3Gn7
	1999/04/17		23	北海道	B	733	LS5k6Zos
	1950/02/14		72	徳島県	O	499	Liof0Zly
	1942/07/15		80	愛知県	B	998	2v8rcGFB
	1957/05/31		65	山口県	A	838	t_9cAHIG
	年齢の合計	271580					

図 2.9　年齢の合計を求める

SUMIF 関数を利用する

続いて、特定の条件での合計を求めてみたいと思います。SUMIF 関数を用いて特定の条件に当てはまる値を足し合わせてみたいと思います。ここでは、都道府県の情報を用いて愛知県のひとの年齢「のみ」を足し合わせます。

=SUMIF(Y2:Y5001,"愛知県",X2:X5001)

SUMIF 関数では、3つの引数を指定します。まずひとつめに Y2:Y5001 を指定しています。これは、IF を構成する部分です。2つ目の引数に当てはまる部分をこの配列から探索します。ふたつめには、"愛知県"と記入しています。そのため、Y2:5001 に記入されている都道府県の情報のうち、愛知県という文字列が入っているものを抽出することになります。最後に、X2:X5001 に格納されている値を足し合わせます。すなわち、Y2:Y5001 の都道府県の情報に愛知県と記載されたひとのうち、X2:X5001 に記載された年齢の値を総計することになります。

結果は以下の通りです。

1969/07/06	53	山梨県	A	883	x2u04Db8
1942/03/31	80	愛知県	A	97	dC1jrHTc
1981/08/06	41	山口県	A	998	4JqO3Gn7
1999/04/17	23	北海道	B	733	LS5k6Zos
1950/02/14	72	徳島県	O	499	Liof0Zly
1942/07/15	80	愛知県	B	998	2v8rcGFB
1957/05/31	65	山口県	A	838	t_9cAHIG

| 年齢の合計 | 271580 |
| 愛知県の年齢の合計 | 7176 |

図2.10　SUMIF 関数の出力結果

2.7　SUMIFS 関数を利用する

　さらに、複数の条件で足し算を行いたく思います。ここでは、愛知県でO型のひとの年齢を足し合わせることにします。そのため、SUMIFS 関数を用いることにします。

=SUMIFS(X2:X5001,Y2:Y5001,"愛知県",Z2:Z5001,"O")

　SUMIF 関数とは異なり、最初の引数に実際に足し合わせたい範囲を指定することに注意してください。すなわち、年齢のデータがある X2:X5001 を指定することになります。続いて、2つ目以降の引数で、条件として指定するデータの範囲と、その具体的な内容を指定することになります。ここでは、出身地として都道府県のデータが入力されている Y2:Y5001 を2つ目の引数として指定して、その抽出条件として"愛知県"を3つ目の引数に指定しています。続いて、血液型が書かれた Z2:Z5001 を4つ目の引数として指定して、最後に"O"を5つ目の引数として指定しています。

　結果は以下の通りです。愛知県かつO型の年齢の合計が計算されていることがわかります（これに何の意味があるのかは、ここでは問題にしないことにします）。

1969/07/06	53	山梨県	A	883	x2u0
1942/03/31	80	愛知県	A	97	dC1j
1981/08/06	41	山口県	A	998	4JqO
1999/04/17	23	北海道	B	733	LS5i
1950/02/14	72	徳島県	O	499	Liof(
1942/07/15	80	愛知県	B	998	2v8r
1957/05/31	65	山口県	A	838	t_9c.

年齢の合計	271580
愛知県の年齢の合計	7176
愛知県かつO型の年齢の合計	2451

図 2.11　SUMIFS 関数によるデータの集計

2.8 　VLOOKUP 関数を利用する

　続いて、これもデータの接合でとてもよく使いがちな VLOOKUP 関数のご紹介をしたいと思います。企業のデータ分析でも、あるいは PTA の経費管理でも、大学生が駆け込みでつくる卒論でも、多くの場合はひとつのデータセットですべてを完結させることは極めて困難です。複数のデータセットを、何かしらの変数同士で組み合わせることで、独自のデータセットを作り、経営学の教科書でよく言われがちな付加価値を形成し、なんとか独自性を見つけよう。と、いうことをよくやったりします。あるいは、昨年度と今年度の人事評価データを、名前や職員番号を使ってつなぎ合わせる。ということもよくあることのように思います。

　今回は、「出身地」とラベリングされている都道府県データを用いて、そこに都道府県コードを付与することにします。都道府県コードは、日本の都道府県ごとに付与された一意の番号になっています。詳細については、`https://nlftp.mlit.go.jp/ksj/gml/codelist/PrefCd.html` をご覧ください。もしかしたら、COVID-19 に関わるワクチン接種でご覧になられたことがあるかもしれません。いつもの都道府県の情報に都道府県コードを付与することで、政府統計のデータなどを後々接合しやすくすることにします。

　まず、Excel の Worksheet に、新しいシートとして「都道府県コード」を作成します。A 列には都道府県名、B 列には都道府県コードを入力します。すなわち、A 列には北は北海道、南は沖縄まで、B 列には 1 から 47 までの数字が並ぶことになります。

1	北海道	1				
2	青森県	2				
3	岩手県	3				
4	宮城県	4				
5	秋田県	5				
6	山形県	6				
7	福島県	7				
8	茨城県	8				
9	栃木県	9				
10	群馬県	10				
11	埼玉県	11				
12	千葉県	12				
13	東京都	13				
14	神奈川県	14				
15	新潟県	15				
16	富山県	16				
17	石川県	17				
18	福井県	18				
19	山梨県	19				
20	長野県	20				
21	岐阜県	21				

図 2.12　シート名:「都道府県コード」

　続いて、元のシートに戻り出身地のとなりに空の列を挿入します。具体的には、出身地の列を右クリックして、「新しい列を挿入」をクリックします。そして、1 行目に名前として「都道府県コード」と入力します。

Y	Z	AA	AB	AC	AD	AE
出身地 ▼	都道府県コード ▼	血液 ▼	乱▼	パスワー ▼	性別 ▼	左利き? ▼
38 長野県		O	911	1rzJeuqy	0	0
72 山梨県		AB	993	_gJxsXP4	1	1
39 群馬県		A	82	02EIPuYE	0	0
38 神奈川県		A	408	EVWgy3hk	1	0
54 徳島県		B	676	RUcIMrBE	1	1
42 沖縄県		B	653	y1jrkvjq	1	0
37 広島県		A	732	OJo-qXtr	1	1
37 長崎県		A	609	VCxu9Ysb	1	0
61 静岡県		A	537	1H90WTLA	0	0
25 佐賀県		O	473	1jR0mh5o	0	1
66 三重県		A	163	I403LHx_	1	1
20 沖縄県		B	250	vISN1WNQ	1	1
77 神奈川県		A	936	qy215VMv	0	0
34 長崎県		A	74	oUIWaBwk	0	1
36 東京都		B	944	tWLgEVbg	1	1
34 宮城県		A	642	b8FWSePc	0	0
25 新潟県		B	3	Grx2LL88	1	0

図 2.13 新しい列を作成する

Z列の2行目 (Z2) に、以下の VLOOKUP 関数を入力します。

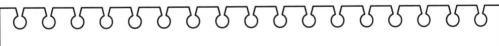

=VLOOKUP(Y2, 都道府県コード!$A$1:$B$47,2,FALSE)

ここでは、それぞれ以下の引数を指定します。

- データの参照元を指定します。ここでは Y2 を指定しているので、「長野県」を検索することになります。

- 参照先のテーブルを指定します。ここでは、「都道府県コード」シートにある、A 列から B 列の 1 行目から 47 行目を探索します。また、このとき A と B の最初と最後それぞれに $ を明記しています。これは絶対参照と呼ばれる機能です。後ほどオートフィルを行う場合にも、常に同じテーブルの範囲を参照することになります。

- 参照先テーブルにて引用する列を指定します。ここでは、2 と明記しています。これにより、2 列目のデータ、すなわち都道府県コードを得ることになります。

- 絶対参照 (false) か相対参照 (true) かを指定します。ここでは false を指定します。

　次ページに、VLOOKUP 関数を入力し、続いてオートフィルを行った結果を示します。Y 列に明記された都道府県名ごとに、対応する都道府県コードが記載されていることが確認出来ます。

	Y	Z	AA	AB	AC	AD
	出身地 ▼	都道府県コード ▼	血液 ▼	乱数 ▼	パスワード ▼	性別 ▼
38	長野	20	O	911	1rzJeuqy	0
72	山梨県	19	AB	993	_gJxsXP4	1
89	群馬県	10	A	82	02EIPuYE	0
38	神奈川県	14	A	408	EVWgy3hk	1
54	徳島県	36	B	676	RUcIMrBE	1
42	沖縄県	47	B	653	y1jrkvjq	1
37	広島県	34	A	732	OJo-qXtr	1
87	長崎県	42	A	609	VCxu9Ysb	1
61	静岡県	22	A	537	1H90WTLA	0
25	佐賀県	41	O	473	1jR0mh5o	0
66	三重県	24	A	163	I403LHx_	1
20	沖縄県	47	B	250	vISN1WNQ	1
77	神奈川県	14	A	936	qy215VMv	0
84	長崎県	42	A	74	oUIWaBwk	0
36	東京都	13	B	944	tWLgEVbg	1
84	宮城県	4	A	642	b8FWSePc	0
25	新潟県	15	B	3	Grx2LL88	1
70	島根県	32	O	583	zp5XosRa	1
81	滋賀県	25	AB	304	1JkMWQll	1
55	奈良県	29	A	734	1Dls5tLc	1
67	滋賀県	25	O	97	MkiheDkn	1
62	徳島県	36	AB	209	-z8H3VzB	1

図 2.14　オートフィルを行い、VLOOKUP 関数を用いて都道府県コードを入力した結果

2.9 AVERAGE 関数を利用する

続いて、算術平均値を求めてみましょう。このまま、年齢の値を用いることにします。

=AVERAGE(X2:X5001)

ここでは、AVERAGE 関数の中に年齢の配列である X2:X5001 を指定しています。結果は以下のようになります。平均年齢 54.316 歳ということで、なぜか極めて妥当な値が出てきたように思いますね！

W	X	Y	Z	
1942/02/02	80	京都府	26	B
1955/03/18	67	北海道	1	B
1970/08/24	52	神奈川県	14	A
1991/11/30	30	福島県	7	A
1977/02/12	45	福井県	18	A
1992/08/15	30	沖縄県	47	O
1997/09/26	25	北海道	1	A
1969/07/06	53	山梨県	19	A
1942/03/31	80	愛知県	23	A
1981/08/06	41	山口県	35	A
1999/04/17	23	北海道	1	B
1950/02/14	72	徳島県	36	O
1942/07/15	80	愛知県	23	B
1957/05/31	65	山口県	35	A

年齢の合計	271580
愛知県の年齢の合計	7176
愛知県かつO型の年齢の合計	2451
年齢の平均	54.316

図 2.15 AVERAGE 関数で平均値を求める

2.10 AVERAGEIF 関数を利用する

先程の SUMIF と同じように、出身地が愛知県の人々のみの平均値を求めてみたいと思います。ここでは、AVERAGEIF 関数を用います。

=AVERAGEIF(Y2:Y5001,"愛知県",X2:X5001)

AVERAGEIF 関数は 3 つの引数から構成されています。すなわち、1 つ目の Y2:Y5001 では条件を探索する配列を指定しています。2 つ目では、"愛知県" と指定します。これにより、Y2 から Y5001 までの間で愛知県という言葉が含まれるリストを抽出することになります (もしくは、先程 VLOOKUP 関数を用いて付与した都道府県コードを用いることも出来ますね)。

結果は以下の通りです。全体を対象にした場合とほとんど値は同じですね。

年齢の合計	271580
愛知県の年齢の合計	7176
愛知県かつO型の年齢の合計	2451
年齢の平均	54.316
愛知県の年齢の平均	54.36363636

図 2.16　AVERAGEIF 関数で平均値を求める

2.11　MEDIAN 関数で中央値を求める

　続いて、値の中央値 (Median) を求めます。中央値とは、値を昇順もしくは降順に並べたときに、ちょうど真ん中に来る値のことです。値の分布が正規分布に近ければ、平均値と中央値はほぼ値になりますが、割と違う値になることもあります。Excel では、MEDIAN 関数を用いることで値を求めます。

```
=MEDIAN(X2:X5001)
```

年齢の合計	271580
愛知県の年齢の合計	7176
愛知県かつ0型の年齢の合計	2451
年齢の平均	54.316
愛知県の年齢の平均	54.36363636
愛知県かつ0型の年齢の平均	58.35714286
年齢の最大値	89
年齢の最小値	20
年齢の分散	399.9489338
年齢の標本標準偏差	19.9987233
年齢の母集団標準偏差	19.99672333
年齢のメディアン	54

図 2.17　MEDIAN 関数の結果

2.12 MODE 関数で最頻値を求める

値の最頻値 (Mode) を求めます。最頻値は、値のリストの中で最も登場する値になります。やはり平均や中央値と近い値になるように思いますが、今回の例のように異なる値になることも多々あります。Excel では、MODE 関数を用います。

```
=MODE(X2:X5001)
```

年齢の合計	271580
愛知県の年齢の合計	7176
愛知県かつO型の年齢の合計	2451
年齢の平均	54.316
愛知県の年齢の平均	54.36363636
愛知県かつO型の年齢の平均	58.35714286
年齢の最大値	89
年齢の最小値	20
年齢の分散	399.9489338
年齢の標本標準偏差	19.9987233
年齢の母集団標準偏差	19.99672333
年齢のメディアン	54
年齢の最頻値	61

図 2.18　MODE 関数の結果

2.13 MAX 関数で最大値を求める

　値の最大値 (Max) を求めます。ここでは、5,000人のリストの中から最も年齢の高い
ひとを見つけ出すことになります。Excel では、MAX 関数を用います。

　　=MAX(X2:X5001)

結果は次のようになります。89歳の回答者がいることがわかります。

W	X	Y		Z	
1955/03/18	67	北海道		1	B
1970/08/24	52	神奈川県		14	A
1991/11/30	30	福島県		7	A
1977/02/12	45	福井県		18	A
1992/08/15	30	沖縄県		47	O
1997/09/26	25	北海道		1	A
1969/07/06	53	山梨県		19	A
1942/03/31	80	愛知県		23	A
1981/08/06	41	山口県		35	A
1999/04/17	23	北海道		1	B
1950/02/14	72	徳島県		36	O
1942/07/15	80	愛知県		23	B
1957/05/31	65	山口県		35	A

年齢の合計	271580
愛知県の年齢の合計	7176
愛知県かつO型の年齢の合計	2451
年齢の平均	54.316
愛知県の年齢の平均	54.36363636
愛知県かつO型の年齢の平均	58.35714286
年齢の最大値	89

図 2.19　MAX 関数の結果

2.14 MIN 関数で最小値を求める

値の最小値 (Min) を求めます。ここでは、5,000 人のリストの中から最も年齢の若い
ひとを見つけ出すことになります。Excel では、MIN 関数を用います。

```
=MIN(X2:X5001)
```

結果は次のようになります。20 歳の回答者がいることがわかります。

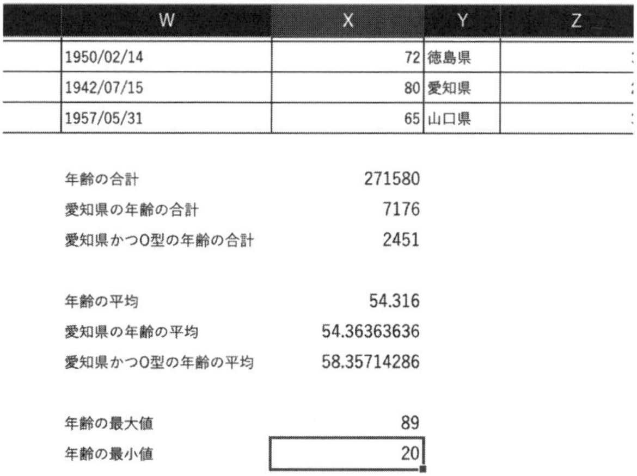

	W	X	Y	Z
	1950/02/14	72	徳島県	
	1942/07/15	80	愛知県	
	1957/05/31	65	山口県	
	年齢の合計	271580		
	愛知県の年齢の合計	7176		
	愛知県かつO型の年齢の合計	2451		
	年齢の平均	54.316		
	愛知県の年齢の平均	54.36363636		
	愛知県かつO型の年齢の平均	58.35714286		
	年齢の最大値	89		
	年齢の最小値	20		

図 2.20　MIN 関数の結果

2.15 PERCENTILE.INC 関数で値の傾向を確認する

値の傾向を確認する方法のひとつとして、パーセンタイル (percentile) 値を観察することで、どういったデータの散らばりになっているのかを把握することがあります。たとえばヒストグラムを作ることでも値の傾向は確認できますが、平均値や最頻値や中央値のみならず、値の分布を数値として把握することで、どのくらい「クセ」のあるデータなのかが確認できるようになります。こうしたパーセンタイルの導出には、Excel の場合 PERCENTILE.INC 関数を用います。

たとえば、値の 25 パーセントパーセンタイル、つまり、値を昇順に並べて最初の 25 パーセントの部分の値を取り出すには、引数のひとつめとして X2:X5001 を指定します。これまで示してきたように、年齢の値のリストになっていますね。引数のふたつめには、パーセンタイルを指定します。ここでは 0.25 と指定しています。

=PERCENTILE.INC(X2:X5001,0.25)

同様に、パーセンタイルの値を 0.5 とします。すなわち、値のリストのうちちょうど半分の値になるので、中央値を導出することになります。

=PERCENTILE.INC(X2:X5001,0.5)

パーセンタイルの値を 0.75 とした場合、値のリストのうち昇順から 75 パーセントの部分の値を導出することになります。

```
=PERCENTILE.INC(X2:X5001,0.75)
```

結果は以下のようになります。

年齢の平均	54.316
愛知県の年齢の平均	54.36363636
愛知県かつO型の年齢の平均	58.35714286
年齢の最大値	89
年齢の最小値	20
年齢の分散	399.9489338
年齢の標本標準偏差	19.9987233
年齢の母集団標準偏差	19.99672333
年齢のメディアン	54
年齢の最頻値	61
25パーセンタイル値	37
50パーセンタイル値	54
75パーセンタイル値	71

図2.21　PECENTITLE.INC 関数の結果

2.16 ヒストグラムの図を作成する

続いて、年齢の値についてヒストグラムを作成したいと思います。まずは、後ほどの作業を行いやすくするために、テーブルの設定を行うことにします。[ホーム] より、[テーブルとして書式設定] をクリックし、テーブルのスタイルを選択します。とりあえずは、一番左上のテーブルを選択しています。

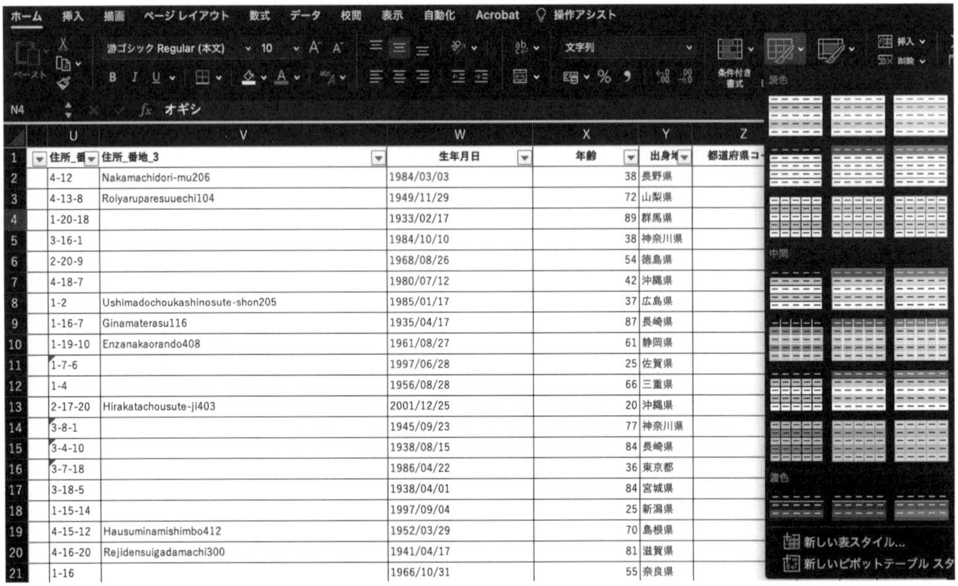

図 2.22 [テーブルとして書式設定] を選択する

[テーブルとして書式設定] が開きます。ここでは、表として指定するデータ範囲を指定します。ここでは範囲として、

=$A$1:$AK$5001

　と指定します。また、[先頭行をテーブルの見出しとして利用する] のチェックボック
スを選択して、OK をクリックします。

図 2.23　[テーブルとして書式設定] ウインドウ

　先程までと異なり、指定した範囲がひとまとめのテーブルとして区分されるようにな
ります。そこで、ちょっとだけ下の方向にスクロールし、かつどこかをクリックして、
いつもは A 列や B 列と表示されている部分が、変数名 (一行目の名前) になるかを確認
してください。そして、[年齢] の部分をクリックしてください。

	住所_番地_3	生年月日	年齢	出身地	都道府県コード
13	Hirakatachousute-ji403	2001/12/25	20	沖縄県	47
14		1945/09/23	77	神奈川県	14
15		1938/08/15	84	長崎県	42
16		1986/04/22	36	東京都	13
17		1938/04/01	84	宮城県	4
18		1997/09/04	25	新潟県	15
19	Hausuminamishimbo412	1952/03/29	70	島根県	32
20	Rejidensuigadamachi300	1941/04/17	81	滋賀県	25
21		1966/10/31	55	奈良県	29
22		1955/01/20	67	滋賀県	25
23		1960/01/27	62	徳島県	36
24		1953/02/23	69	福岡県	40
25		2001/11/23	20	岡山県	33
26		2000/05/02	22	熊本県	43
27		1989/05/27	33	京都府	26
28		1941/04/22	81	鹿児島県	46
29		1977/02/27	45	愛知県	23
30		1939/03/20	83	岡山県	33
31		1957/02/07	65	福島県	7
32	Ko-tofuruo308	1940/06/29	82	京都府	26
33	Nakamuranishinepa-ku414	1996/03/02	26	徳島県	36
34		1947/02/28	75	長崎県	42
35	Nanjaian305	1983/01/21	39	奈良県	29

図 2.24 テーブルの中から [年齢] 列を選択する

　続いて、メニュー欄の [挿入] から、ヒストグラムを選択します。こちらも、まずは
もっともシンプルなヒストグラムを選びましょう。

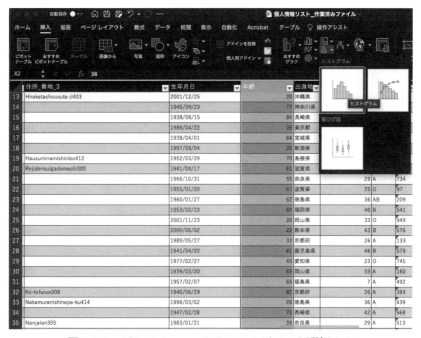

図 2.25　グラフメニューからヒストグラムを選択する

　すると、次のようなグラフが表示されます。先程平均や中央値で観察したように、60
あたりが多めのヒストグラムが作成されますが、Python や R で作るのとは異なり、横
軸のラベルの工夫が今ひとつかなあと思うところはあります。

図2.26　ヒストグラムの出力の結果

2.17 ピボットテーブルで値を「まとめなおす」

　ここまで、値を選択して他の値の情報を付与したり (VLOOKUP)、平均を求めたり (AVERAGE)、パーセンタイル値 (PERCENTILE.INC) を導出したりしました。ここまで丹念に読んで頂いた方はお気づきかと思いますが、なかなかめんどくさいわけです！ そこで、Excel のピボットテーブル (pivot table) という機能を用いて値の集計をひとまとめに行うことにしたいと思います。

　まず、データセット全体を選択します。続いてメニューより [挿入] を選択し、そこからピボットテーブルを選択します。

	T	U	V
4976 aku	Akasaka	2-15-4	
4977	Sakado	1-16-20	
4978	Koizumi	4-6-2	Koizumisou411
4979	Ashiomachimatsubara	3-2-12	
4980	Masuyama	2-8	
4981	Oimatsuchou	1-6	Shiteioimatsuchou103
4982	Gojou	3-17	
4983	Araya	4-20	
4984	Gongenchou	2-13-11	Paresugongenchou108
4985	Kaminagasakochou	2-4	Kaminagasakochoushi-saido317

図 2.27　ピボットテーブルを選択する

[ピボットテーブルの作成] ウインドウが開きます。ここでは、分析するデータを選択するセクションと、ピボットテーブルの作成先を選択する必要があります。先程選択している場合には、データの範囲が指定されています。指定が行われていない場合には、右端のアイコンをクリックして値の範囲を指定します。ピボットテーブルの作成先としては、[新規ワークシート] を指定します。

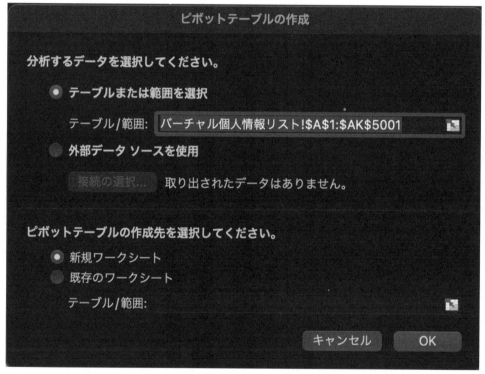

図 2.28 [ピボットテーブルの作成] ウインドウ

最後に、[OK] をクリックします。

新しいワークシートが作成されます。右側に変数のリストが表示され、[フィルター]、[列]、[行]、[値] という空欄の箱が用意されています。

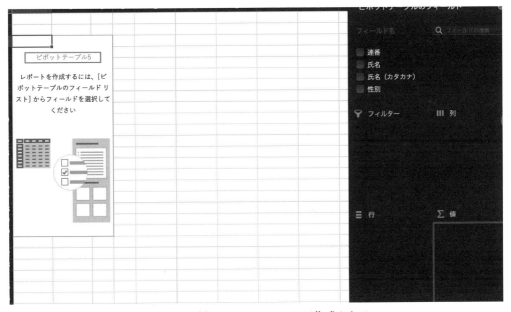

図 2.29　新しいワークシートが作成される

　これらの箱に値を「放り込む」ことにします。ここでは、列に [性別]、行に [都道府県コード]、値に [氏名] を指定します。値の集計方法としては、個数を指定します。これにより、都道府県コードを行、性別を列に置いた上で、それぞれの個数を求めることが出来ます。

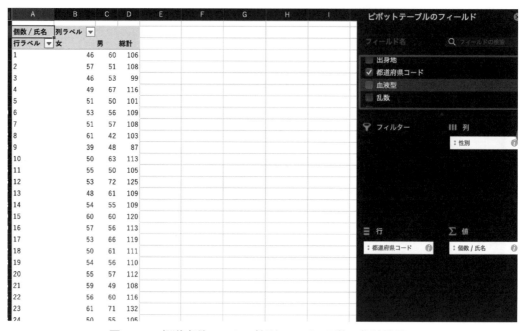

図 2.30　都道府県コード x 性別でのデータ数の集計結果

　続いて、列を都道府県コードから血液型に変更します。右下の行の箱から該当する変数を削除するか、ドラッグアンドドロップで値をもとの変数リストに戻します。そして、血液型を行にドラッグアンドドロップします。

図 2.31　血液型 x 性別でのデータ数の集計結果

さて、表でまとまっているだけでも十分な気がしますが、続いてグラフを作成してみたいと思います。メニューから、[ピボットグラフ] を選択します。

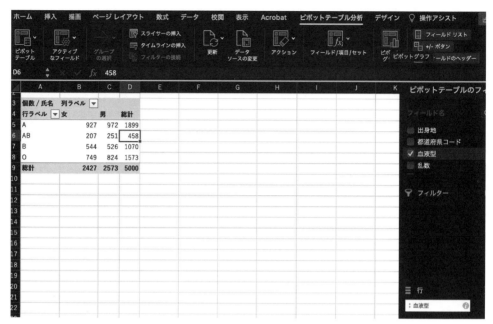

図 2.32 ピボットグラフを選択する

次のページの通り、グラフが表示されます。やっぱり AB 型が少なめな様子ですね。

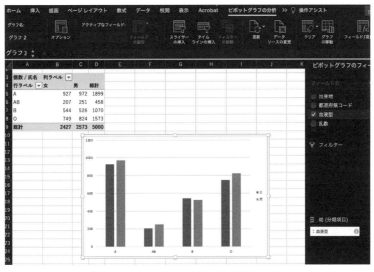

図 2.33 ピボットグラフ (棒グラフ)

グラフの種類をクリックすることで、異なるグラフの表現方式にも変更出来ます。

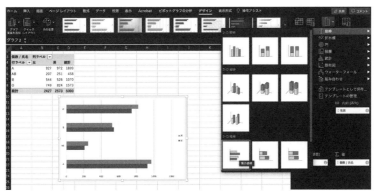

図 2.34 ピボットグラフ (横棒グラフ)

2.18 CSV データをダウンロードして Excel に取り込む

　ここで政府統計データを使って，CSV データを Excel に取り込む練習をしてみましょう。経済産業省の gBizINFO `https://info.gbiz.go.jp/index.html` を用います。このサイトでは、企業名もしくは法人番号を入力することで、企業の詳細な情報を検索することが出来ます。

図 2.35　gBizINFO のウェブサイト

　続いて、メニュー上の [データダウンロード] をクリックします。以下のような画面が表示されます。データが ZIP 形式と CSV 形式で提供されています。

法人活動情報 データダウンロード（情報種別）

gBizINFOに登録されている法人活動情報の最新情報を情報種別の単位でダウンロードすることができます。

法人活動情報...政府が保有している届出認定情報、表彰情報、補助金情報、調達情報、特許情報、財務情報、職場情報。

ご利用にあたって

- 原則として、毎日データファイルを更新し公開します。
- ファイルをZIP形式で圧縮して提供しています。解凍してご利用ください。
- S-JIS版のファイルは、UTF-8で作成したファイルをShift-JISに変換したものであり、一部の文字、記号等について、正しく表示されない場合がございます。
- ➤リソース情報はこちら

CSV形式

情報種別	ダウンロード形式(S-JIS)		ダウンロード形式(UTF-8)	
基本情報	CSV (916.6 MByte)	ZIP (199.8 MByte)	CSV (1087.5 MByte)	ZIP (217.9 MByte)
届出認定情報	CSV (23.7 MByte)	ZIP (3.1 MByte)	CSV (32.1 MByte)	ZIP (3.5 MByte)
表彰情報	CSV (12.3 MByte)	ZIP (2.2 MByte)	CSV (17.1 MByte)	ZIP (2.5 MByte)
補助金情報	CSV (1348.5 MByte)	ZIP (466.4 MByte)	CSV (2002.7 MByte)	ZIP (536.7 MByte)
調達情報	CSV (82.9 MByte)	ZIP (11.0 MByte)	CSV (111.7 MByte)	ZIP (12.3 MByte)
特許情報	CSV (1147.3 MByte)	ZIP (75.4 MByte)	CSV (1523.1 MByte)	ZIP (88.0 MByte)
財務情報	CSV (9.5 MByte)	ZIP (1.4 MByte)	CSV (11.4 MByte)	ZIP (1.5 MByte)
職場情報	CSV (16.9 MByte)	ZIP (3.8 MByte)	CSV (21.9 MByte)	ZIP (4.3 MByte)

図 2.36 データダウンロード

かなり巨大なファイルサイズのデータが沢山置かれていますが、ここでは手頃に財務情報の CSV ファイルをダウンロードします。

(2.18.1) パターン 1: 素直にそのまま Excel で開く

まずは素直に Mac の Finder で先程ダウンロードした CSV ファイルを開いてみましょう。ダウンロードフォルダを選び、CSV ファイルをダブルクリックします。

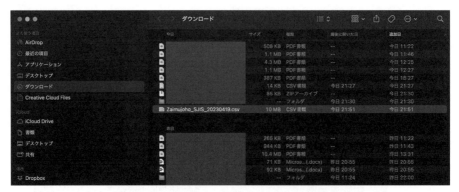

図 2.37　Finder から CSV ファイルを開く

　・・・Mac をお使いの場合、標準バンドルされている Numbers に自動的にインポートされます。なかなか使いやすい感じではありますが、ここでは Excel で開くことに拘ってみたいと思います。

　また、Winodws11 の場合には同様にエクスプローラを開き、ダウンロードフォルダを選択し CSV ファイルをダブルクリックします。CSV ファイルが Excel と関連付けられている場合には、Excel にて CSV ファイルを確認することが出来ます。

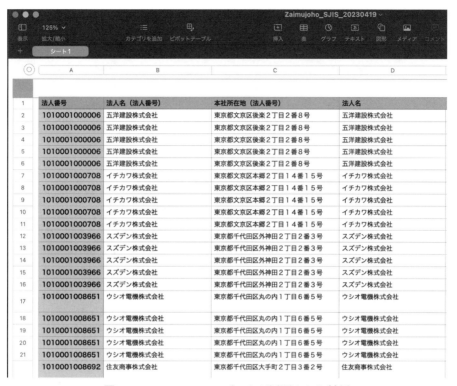

図 2.38 Numbers にデータが展開された結果

Mac にて CSV を直接 Excel から開くには、CSV ファイルを右クリックします。続いて、[このアプリケーションで開く] を選択し、その中から Microsoft Excel を選びます。先程とは異なり、Excel に CSV ファイルがインポートされます。

図 2.39 Finder 上で Excel からファイルを開くことを選択する

読み込みが終わると、以下のように Excel でファイルが展開されます。

図 2.40 Excel に CSV ファイルが展開された結果

パターン 2: インポートウィザードを用いる

　続いて、インポートウィザードを用いてデータを開くことにしましょう。文字化けなどが起きる場合には、こちらの手法を選ぶようにしてください。Excel を開き、メニュー欄から [インポート] を選択します。

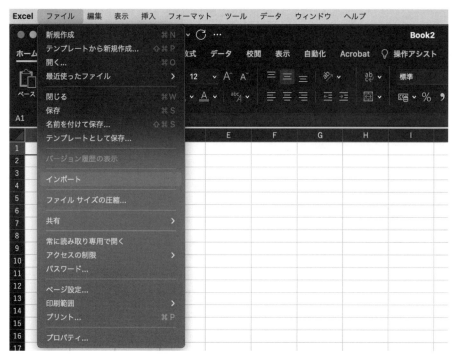

図 2.41　インポートを選択する

　[インポート] ウィンドウが開くので、今回は CSV ファイルを選択します。続いて、右下の [インポート] ボタンをクリックします。

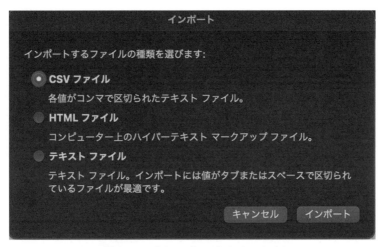

図 2.42　[インポート] ウインドウ

　ファイル選択ウィンドウが開きます。Windows の場合にはエクスプローラ、Mac の場合には Finder が開きます。そこから、先程 gBizINFO からダウンロードしたファイルを選択し、[データ取り出し] を開きます。

図 2.43　インポートするファイルを選択する

[テキストファイルウィザード 1/3] ウインドウが開きます。ここでは、データの分割方法に基づきインポート方法を選択します。ここでは、[区切り記号付き] を選択します。また、[元のファイル:] から、インポートする文字コードを選択します。この本の著者はMac ユーザなため、Japanese(Mac OS) が自動的に選択されています。下部の [選択したデータのプレビュー:] が文字化けしている場合、適宜違う文字コードを選択します。たとえば、この画面で文字化けが起きている場合には、UTF-8 や SHIFT-JIS などの文字コードを選択することで CSV ファイルが読み込めるようになることがあります。

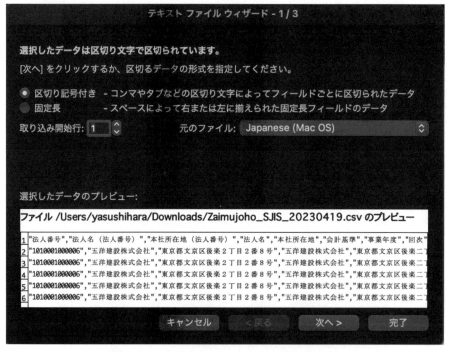

図 2.44 テキストファイルウィザード 1/3

次の画面に遷移します。ここでは、フィールドの区切り文字を選択します。すなわ

ち、Excel のひとつのセルに入力する項目を区分けします。

ここでは、

- タブ
- セミコロン
- カンマ
- スペース
- その他

から選択出来ます。ここではカンマを選び、[次へ >] をクリックします。

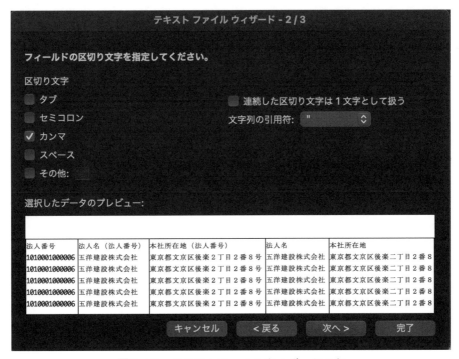

図 2.45　テキストファイルウィザード 2/3

続いて、列ごとのデータ形式を選択します。ほとんどの場合には標準を選択すればよいかと思います。もしくは、「データの型を変更する」で記したように、後ほど区切り位置で変更することも可能です。最後に、[完了] をクリックします。

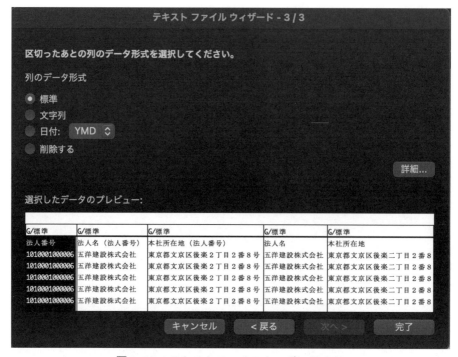

図 2.46 テキストファイルウィザード 3/3

最後に、[データの取り込み] ウインドウが開きます。データを展開する先を選択して、右下の [インポート] をクリックします。

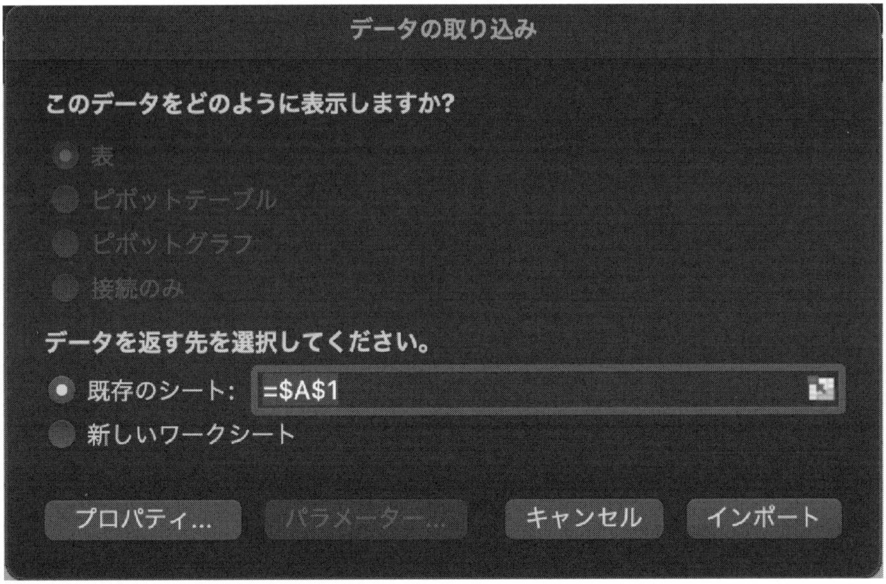

図 2.47　データの取り込み

Excel にデータが展開されたかと思います。

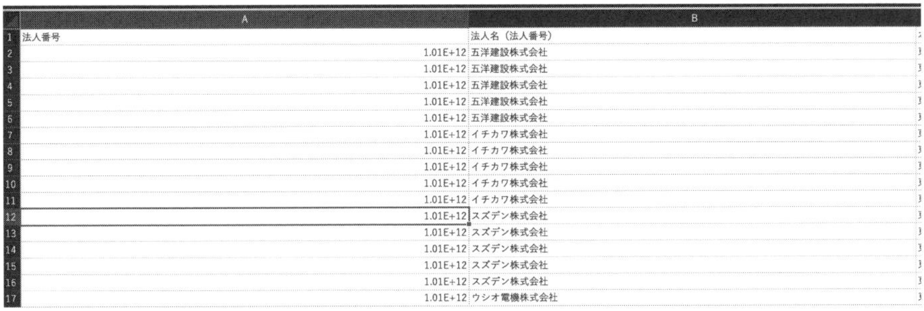

	A	B
1	法人番号	法人名（法人番号）
2	1.01E+12	五洋建設株式会社
3	1.01E+12	五洋建設株式会社
4	1.01E+12	五洋建設株式会社
5	1.01E+12	五洋建設株式会社
6	1.01E+12	五洋建設株式会社
7	1.01E+12	イチカワ株式会社
8	1.01E+12	イチカワ株式会社
9	1.01E+12	イチカワ株式会社
10	1.01E+12	イチカワ株式会社
11	1.01E+12	イチカワ株式会社
12	1.01E+12	スズデン株式会社
13	1.01E+12	スズデン株式会社
14	1.01E+12	スズデン株式会社
15	1.01E+12	スズデン株式会社
16	1.01E+12	スズデン株式会社
17	1.01E+12	ウシオ電機株式会社

図 2.48　Excel にデータが展開された結果

2.19 最後にExcelの限界を知る

　さて、ここまで読むとやはりExcelでデータ処理のすべてが終わる気がします。残りのページを読んでもらえない可能性があるので、ここで改めてExcelの限界について触れておきたいと思います。やはりここで書いておきたいのは、Excelは表計算をするためのソフトウェアであり、データを保持したり、管理したり、複雑な計算を行うためのソフトウェアではないということです。餅は餅屋。やはり利用用途に沿ったソフトウェアを利用するということを、これを機にご検討いただければと思います。

　`https://support.microsoft.com/ja-jp/office/excel-の仕様と制限-1672b34d-7043-467e-8e27-269d656771c3` を確認すると、以下のような文言が書かれています。

- ワークシートの行数: 1,048,576行
- ワークシートの列数: 16,384列

　すなわち、Excelで「まとめて」インポート出来るデータ数の上限は104万8,576件ということになります。相当な数にも思えますが、意外に使い切るのは簡単だったりします。一例として、前述したgBizINFO (`https://info.gbiz.go.jp/hojin/DownloadTop`)の基本情報CSVファイルをExcelにインポートしましょう。

　インポートを開始して数十秒から数分程度待つと、以下のようなポップアップが表示されます。

図 2.49　データが読みきれない場合の通知

　すなわち、Excel の最大行数を越えたデータが読み込まれたので、それ以降のデータは読み込めませんよ。というメッセージが表示されます。これをよしとして [OK] をクリックすると、データが読み込まれます。しかし、ここでシートの末尾まで移動させると、次のページのような表示になっています。

　すなわち、末尾の 1,048,576 行目までデータが読み込まれ、それ以降のデータは表示されないことになります。残りのデータも処理するためには、第四章で後述するPowerQuery を用いてインポートの段階で特定のデータのみを読み込む、別の Excelシートに分けてインポートする... などの方法が考えられますが、なかなか面倒くさいことになります。

図 2.50 Excel にデータが展開されきれなかった結果

ということで、この本の残りの部分では Python や SQL の話を中心にしてみたいと思います。

第 3 章

Python を使ってデータをみつけよう

この章では、インターネット上に存在する様々なデータを、いくつかの方法を用いて集めてくることにしたいと思います。すべてのデータが Excel 形式で、かつ Excel で取り扱える範囲のデータの大きさであればよいのですが、現実は残念ながら巨大だったり、複雑だったり、複数のデータセットをつなぎ合わせないと、私達の知りたいことはわからない気がします。そのため、ここでは Web スクレイピングや API、Linked Open Data などの方法を用いて、データを集めてくる方法について、具体例を交えご紹介したいと思います。

3.1 はじめに

　前章では Excel の使い方をメインにお伝えしましたが、この章では Python 3.x 系で、様々でイロトリドリなデータを集める方法についてまとめてみたいと思います。Python の利用方法や、基本的なコーディング方法については、巻末の「逆引き辞典 - Python で基本的なプログラム構文を学ぶ」や、前著『Python による経済・経営分析のためのデータサイエンス』の最初の 100 ページほどを改めてご覧頂ければ幸いです。ここでは、Jupyter Labs/Notebook や Google Colaboratory を用いた Python3 系のプログラミングについて、ちょっとやったことはある、あるいは、統計的な処理は行ったことはある。と、いう前提で話を進めてみたいと思います。

まずは、簡単なペルソナを設定してみましょう。あなたは人生で今、大学三年生の年末を過ごしています。青春の終わり？　いやいや、インターンや就活に右往左往するなか、ゼミナールで大学の教授というなんだかエラそうなひとが、「来年は卒論を書いてください」と言っています。ああめんどくさい。社会で何の役に立つんだか。そういう話をすると、アメリカやヨーロッパでは...　という話を決まってするのもめんどくさい。ここは日本ぞ。ただ、まとまった単位がもらえる以上あなたはなんとかして、このめんどくさい教授が認めてくれる卒論を書かないといけません。教授曰く、「**アンケートで卒論を書くのは禁止**」とのこと。なんで！？　みんな、あのゼミだって、あのビジネススクールだってたかだかサンプルサイズ 200 程度の、不偏性を満たしまくっていないなぞのサーベイ調査で卒論や MBA ペーパー書いてるじゃん！

　...さて、そろそろ無理が出てきたので本題に戻りたいと思います。こうした教授が日本の大学や大学院やビジネススクールにどのくらい居るのかはわかりませんが、実はサーベイ調査のみに頼らなくても、我々が生きているこの世界の経済行動のだいたいは、企業あるいは政府が (ある程度はオープンな) データとして公開してくれています。この章では、こうしたデータを持ってきて、とりあえずは我々が Excel で慣れ親しむ表形式にする「まで」を取り上げたいと思います。そこから先の、統計的な処理の方法については、前著や別の書籍に詳しい内容の解説を譲りたいと思います。

　ここでは、1. Web スクレイピング, 2. Web API, 3. Linked Open Data についてそれぞれ取り上げます。

Web スクレイピング

　我々が普段生きていると、Web ページやアプリを通じて色々な情報を受け取っていることに気がつきます。時代を揺るがす一大ニュースや、あの解散したアイドルグループのその後だったりとか、迷惑系 Youtuber のコンバージョン率対策なまとめサイトの記事だとか・・・こうした我々の周りにあるものから、何かの事象を見出そうとすることも、十分に調査や研究の種にはなる気がします。たとえば、どのようなネットミーム

が流行しているのか。たとえば 2005 年あたりの「ｷﾀ━━━━ (°∀°) ━━━━!!」な時代と違って、2023 年にはネットの流行語がどのように変化しているのか。こうした問いに基づいて分析したいときに役に立つのが Web スクレイピング (Web Scraping) です。Web スクレイピングでは、我々が普段観ている Web サイトの HTML タグ情報などを用いて、そこからデータを取り出すことを行います。これにより、我々が観ているグルメ情報サイトで人気のラーメン店をつくるための傾向と対策が立案出来るかもしれません。しかし、Web スクレイピングには注意も必要です。ソーシャルメディアのうち、Linked In や Facebook ではスクレイピングを規約で禁止しています。また、Twitterの場合には API を利用したほうが簡便にデータを取得出来ます[1]。こうした規約でスクレイピングが禁止されているサイトから情報を収集しても、その成果を学術論文や卒論として発表することは難しいかもしれません。そこで本書では、Pandas DataFrame の関数を用いた方法と、BeautifulSoup を用いた方法について紹介します。

Web API

そこで、企業や Web サイトが提供する API (Application Protocol Interface) を用いてデータを収集する方法も考えられます。API とは、アプリケーションとアプリケーション同士をつなぎ合わせるインターフェースのことです。と、書いてもイマイチピンと来ないかもしれないので、マイナポータルで確定申告をするときや、クラウド会計ソフトで銀行の預金情報を持ってくるときのことや、あるいは、大学で履修登録をした科目の講義について、講義運用サイトでレジュメやレポートを提出するときのことを思い出してみましょう。こうしたプロセスでは、ある Web サイトやアプリケーション A と、ある Web サイトやアプリケーション B との間で、学生の履修状況や、預金の口座情報や、マイナンバーとそのログイン情報を我々が知らぬ間にやりとりしています。あるいは、こうした API 同士の接続を許可するかどうかを、我々はしばしば尋ねられます。こ

---

[1] すくなくとも、2023 年 4 月現在は。

れにより、複数のWebサービスやアプリ間で、データのやり取りが行われ、シームレスに我々はこれらのサービスを利用することが出来るわけです。

　こうしたAPIをWebを介して提供する場合、Web APIと呼ぶことが多いようです。そこで、この章ではこうしたWeb APIを用いて、企業のサイトからデータを取得する方法などについてご紹介したいと思います。なお、前著で記したRESASなど、こうしたAPIを提供するサイトは、政府系だけではなく民間でも多く見受けられるようになってきました。たとえば、API Bank(`https://www.apibank.jp/ApiBank/main`)というサイトでは、我々が利用できる様々なAPIの情報を掲載していますので、是非ともご参考にして頂ければと思います。

Linked Open Data

　もうひとつは、Linked Open Data(リンクト・オープン・データ; LOD）と呼ばれる仕組みについても取り上げます。Web上でデータをオープンにやり取りかつ、「コンピューターが話せるように」やり取りできる仕組みを用意することで、データ同士をつなぎ合わせることで新たな知を生み出せるようにするための取り組みが、Linked Open Dataというものになるのかなと思います。2023年現在では、主にWikipedia, 中央政府や地方自治体がLinked Open Dataを用いたデータ提供を積極的に行っています。LODを用いたデータ取得の方法についても、ご紹介したいと思います。

3.1.1　利用しているパッケージのバージョンについて

　なお、本章で利用している主なPython3.x系パッケージのバージョンは以下の通り
です。今後のバージョンの変更によっては、本書に記載しているスクリプトが動作しな
い可能性があることをご承知おきください。バージョンの確認方法については、巻末の
「逆引き辞典」をご参照ください。

- Pandas; 1.5.3
- Numpy; 1.24.2
- SPARQLWrapper; 1.8.5
- urllib; 3.8
- requests;2.24.0
- json; 2.0.9
- matplotlib; 3.3.2

3.2 Web スクレイピング: Pandas DataFrame を用いる

ここでは、Web スクレイピングの入り口として Pandas の read_table を用いたスクレイピングを実施しましょう。前著でも記したように、Web スクレイピングを行ってよいかどうかは、事前の確認の上に作業を行う必要があります。そこで、ここでは著者が 2019 年から 2021 年まで所属していた、一橋大学大学院経済研究科の Web サイト (https://www.econ.hit-u.ac.jp) に掲載されている、修士論文の題目一覧を取得してみたいと思います。何のために？ もちろん、練習のためです。それから、おそらくこの数十年で経済学の分析対象がどのように変遷したのかを明らかに出来る気がします。

まずは、url に 2022 年度の修論リストが掲載された URL https://www.econ.hit-u.ac.jp/jpn/page/research/research-graduate_student/masters/2022.html を指定します。続いて、shuron に Pandas の read_html を用いて、url で指定したページを読み込みます。

```
import pandas as pd
url="https://www.econ.hit-u.ac.jp/jpn/page/research/researc
    h-graduate_student/masters/2022.html"

shuron=pd.read_html(url)
```

どのようなデータが読み込めたかを確認しましょう。以下の通りタイプし、結果を確認します。

```
1  shuron[0]
```

その年ごとの連番と、論文題目、指導教官の名前が取得出来ていることがわかります。テキスト分析をすれば、どのような傾向があるのかを把握出来そうですね。

Out[18]:

	No.	論文題目	指導教員	year
0	1	漸近近似による摂動リスクモデルの破産確率の計算	山田 俊皓	2022
1	2	最低賃金引き上げが労働者に与える影響に関する分析　—労働時間、仕事満足度、福利厚生の観点から—	山重 慎二	2022
2	3	日本プロ野球における予告先発制度の効果	岡室 博之	2022
3	4	プレイリストへの収録が音楽ストリーミングに与える影響　—Spotifyのデータを用いて—	岡田 羊祐	2022
4	5	動的なネットワーク・モデルによる金融システミック・リスクの分析	西出 勝正	2022
...	...		...	...
81	83	Power Law in the Urbanization of China	有本 寛	2022
82	84	夫の退職が妻のメンタルヘルスに与える短期的・長期的な影響	澤田 真行	2022
83	85	中国における個人の金融知識とインターファイナンスの参加	澤田 真行	2022
84	86	低炭素都市パイロット政策が企業のグリーン・イノベーションに与える影響　—中国の上場工業企業を…—	山下 英俊	2022
85	87	日本の製造業における企業価値に影響を及ぼす要因分析　—広告投資とR&Dの視点から—	岡田 羊祐	2022

86 rows × 4 columns

図3.1　2022年の一橋経済学研究科の修論リスト

では、続いて2000年から2022年、23年分の修論リストを取得することにします。ここでは、以下のような手順でスクリプトを作成しています。

- 検索するURLを指定します。一橋大学大学院経済学研究科のWebサイトを見る限り、各年の修論一覧は年ごとに別に掲載されているようです。そこで、それぞれのページを順に参照することにします。
- 空のDataFrame listを作成しています。こちらに、後から修論の一覧を保管していきます。

- for 文を用いて、2000 年から 2023 年まで順番に参照することにします。そのため i には 2000 からはじまり 2022 までの整数 (int) が入ることになります。
- URL の作成を行います。ここでは、先程指定した URL の途中に i を入れ込みます。ただし、データの型は整数なので、str(i) と囲むことで、文字列に変換しています。最後に、url3 という名前で保持します。
- Pandas の read_html 関数を用いて、url3 で指定した URL から HTML の table タグの情報を読み込みます。
- shuron[0] の中に新しく"year"という列を作り、それに文字列に変換した i を代入します。
- これらについて、先程作成した list にデータを縦方向 (axis=0) に足し合わせます。
- サーバへの負荷を下げるために、ここまでの作業を行ったら time.sleep(5) で 5 秒間作業を止めます。
- 作業の進捗を示すために、print 文を用いてどこまで終了したのかを出力します。

これらの作業により、2000 年から 2022 年までの修論リストが作成されます。

```
1  import pandas as pd
2  import time
3
4  #検索する URL を作成します
5  url1="https://www.econ.hit-u.ac.jp/jpn/page/research/resear
   ↪   ch-graduate_student/masters/"
6  url2=".html"
7
8  #空の DataFrame を作成します
9  list=pd.DataFrame()
10
```

```
11  #Web 上に掲載されている2000年から2022年までのリストを取得します
12  for i in range(2000, 2023):
13      #iを文字列に変換します
14      url3=url1+str(i)+url2
15      #Pandasのread_html関数をつかって、表を読み込みます
16      shuron=pd.read_html(url3)
17      #読み込んだ年を、新たな列として追記します
18      shuron[0]["year"]=str(i)
19      list=pd.concat([list, shuron[0]], axis=0)
20      #一橋サーバへの負荷を下げるために、ループを行うたびに5秒待つ
21      time.sleep(5)
22      #わかりやすく、進捗を示しています。
23      print(i, "年が終わりましたです")
```

中身を確認しましょう。

```
1  list
```

　以下のように、先程とは異なり 2000 年から 2022 年までの修論のリストになっている
ことが確認できます。この 20 年強ほどの間に、修論を提出した学生が 1620 人居たこと
がわかります。

	No.	論文題目	指導教員	year
0	1	福祉サービスの最適供給について —クラブ材理論の応用—	蓼沼 宏一	2000
1	2	A Comparison Study of Japanese Foreign Direct ...	山澤 逸平	2000
2	3	人的資本投資の地域経済に与える影響 —1970年代のインド農村における教育投資の効果—	清川 雪彦	2000
3	4	ハンガリーの社会保障制度 —費用負担問題の経済学的考察—	西村 可明	2000
4	5	バートンにおける資本蓄積と実質賃金	福田 泰雄	2000
...	...	...	...	...
81	83	Power Law in the Urbanization of China	有本 寛	2022
82	84	夫の退職が妻のメンタルヘルスに与える短期的・長期的な影響	澤田 真行	2022
83	85	中国における個人の金融知識とインターファイナンスの参加	澤田 真行	2022
84	86	低炭素都市パイロット政策が企業のグリーン・イノベーションに与える影響 —中国の上場工業企業を...	山下 英俊	2022
85	87	日本の製造業における企業価値に影響を及ぼす要因分析 —広告投資とR&Dの視点から—	岡田 羊祐	2022

1620 rows × 4 columns

図 3.2　2000 年から 2022 年までの修論リスト

　では、年ごとの修論の本数について確認してみましょう。ここでは、groupby 関数を用いて年ごとの修論数をまとめています。size 関数を用いることで、個数を確認しています。

```
1  #年ごとの本数をまとめてみます
2  mentor=list.groupby("year")
3  #年ごとの修論の数をチェックしてみましょう
4  mentor.size()
```

　結果は以下の通りです。どうやら、景気と反比例の傾向があるように思えますが、さらなる研究が待たれます。

```
Out[19]:  year
          2000   84
          2001   77
          2002   76
          2003   70
          2004   72
          2005   77
          2006   78
          2007   77
          2008   54
          2009   54
          2010   42
          2011   69
          2012   65
          2013   67
          2014   63
          2015   72
          2016   86
          2017   56
          2018   71
          2019   58
          2020   77
          2021   89
          2022   86
          dtype: int64
```

図 3.3 年ごとの修論数

先程用いた groupby 関数を用いて、指導教官ごとに担当した修論数についても確認することが出来ます。

```
1  #指導教員ごとに値をまとめてみます
2  mentor2=list.groupby("指導教員")
3  #結果を出力します
4  mentor2.size()
```

結果は以下の通りです。名寄せが必要そうですね。

```
Out[20]:  指導教員
          Matthew Noellert          1
          Paul , Saumik             1
          Philip MacLellan          1
          WU Harry Xiaoying (伍 曉鷹)  1
          WU, Harry Xiaoying        3
                            ..
          高橋 一                   34
          鴇田 忠彦                  6
          黒住 英司                 25
          黒崎 卓                   43
          齊藤 誠                   19
          Length: 147, dtype: int64
```

図 3.4　指導教員ごとの修論数

　最後に、query 関数を用いて一橋大の岡室博之先生が関わっている修論のリストを抽出したいと思います。これには、指導教官の中の文字列に「岡室 (※. 敬称略)」が含まれているかどうかで判断しています。

```
1  #岡室先生が担当している修論リストを抽出してみましょう
2  print(list.query('指導教員.str.contains("岡室")',
   ↪    engine='python'))
```

　結果は以下の通りです。だんだん、修論の傾向が変わっていっているようにも思えますね。

No.		論文題目	指導教員	year
26	27	格付け変更の株価への影響	岡室 博之	2003
30	31	Does Corporate Performance Improve After Merger...	岡室 博之	2003
59	60	企業間関係と設備投資 —自動車部品企業についての実証分析—	岡室 博之	2003
65	66	台湾製造業への参入退出の計量分析	岡室 博之	2003
2	3	日本製造業中小企業の海外直接投資の決定要因	岡室 博之	2005
33	34	日本中小製造業の中国進出における —立地選択の決定要因についての実証分析—	岡室 博之	2005
40	41	地域における人的資本と研究機関からのスピルオーバー —中小企業の研究開発への影響—	岡室 博之	2005
41	42	サービス業に於ける市場構造分析 —参入、退出と残存の関係を中心に—	岡室 博之	2005
50	51	M&Aが及ぼす利益率、成長率、労働生産性への影響 —中小企業を含めた実証分析—	岡室 博之	2005
42	43	Prefecture-Level Analysis of Technology Spillo...	岡室 博之	2006
9	10	ベンチャーキャピタルのハンズオンと投資先企業のパフォーマンス	岡室 博之	2007
29	30	買収の決定要因の研究 —日本の成長産業と衰退産業の比較—	岡室 博之	2007
52	53	株式所有構造が企業のリストラクチャリングに与える影響 —バブル崩壊以後の製造業における実証分析—	岡室 博之	2008
26	27	The Elasticities of Factor Substitution in Tha...	岡室 博之	2009
19	20	日本のベンチャーキャピタルにおけるスタンドプレーの検証	岡室 博之	2010
22	23	トップ管理層・大株主の属性と企業の研究開発投資 —中国深シン証券取引所中小企業ボードの上場企...	岡室 博之	2010
25	26	非連続的技術革新における先発優位・後発優位 —ゲームソフト産業における分析—	岡室 博之	2010
23	24	バブル期における鉄鋼企業の多角化と成果	岡室 博之	2011
35	36	地域ブランドの効果の計量分析 —日本のタオル産業を例に—	岡室 博之	2011
65	66	戦略的企業買収の研究開発活動への影響	岡室 博之	2011

図 **3.5** 岡室博之教授が担当した修論とその題目リスト

3.3 Web スクレイピング: BeautifulSoup を用いる

　続いて、BeautifulSoup というパッケージを用いて Web サイトをスクレイピングしましょう。ここでは、The Beatles の Web サイトに掲載されているアルバム一覧（`https://www.thebeatles.com/albums`）から、リリース日とアルバム名を取得しましょう。なお、私はビートルズのアルバムタイトルについては中学 3 年生のときからすべて暗記しています。

　スクリプトの内容は、以下の通りになります。

- 5 行目: HTML を読み込むアドレスを、url に指定します。

- 7-8 行目: 先程指定した url を requests.get 関数に引数として与え、BeautifulSoup を用いて HTML の内容を取り出します。

- 11 行目: ここで、HTML の構造の中から、それぞれのアルバム情報が入っている

セクションの検索を行います。これには、たとえば Mac の Google Chrome の場合には [その他のツール - デベロッパーツール] を選択します。右側に表示される要素をマウスオーバーすると、Web 画面上での適用範囲を探すことが出来ます。ここでは、アルバム情報が含まれている範囲が、DIV タグの"order-1 order-lg-2 col-12"クラスであることがわかります。これを album_section に代入します。

- 16 行目: 得られた情報のうち、さらにアルバムそれぞれの情報が埋め込まれているセクションを選択します。先程のデベロッパーツールで Please Please Me や Magical Mystery Tour をマウスオーバーしていると、アルバムごとの要素を規定しているのは、DIV タグの　"col-xs-12 col-sm-6 col-md-3 standard-views-grid-item"であることがわかります。これに基づき For 文でループさせることで、アルバムごとの情報を取り出します。

- 18-19 行目: 得られたアルバムごとの情報から、DIV タブの title に保存されたアルバムタイトル名と、DIV タブの pre-title に保存されたアルバムのリリース日 (どうやらイングランドでのリリース日のようです) を取得します。

- 21 行目: これらの情報を print します。

　BeatifulSoup を用いたスクレイピングで面倒なのは、どこがデータを取得できる構成要素になっているかが、把握しにくい場合がしばしばあるということです。また、画面情報では特定要素をカバーしているはずの DIV タグとそのクラス名で情報を取得してみても、空振りだったりします。著者のお勧めとしては、やはりスモールスタートです。タグおよびクラスの情報を丹念に追い、トライアンドエラーを繰り返しながら、どのタグとクラスの組み合わせを用いれば、お目当てのデータが取得出来るのかを確かめましょう。

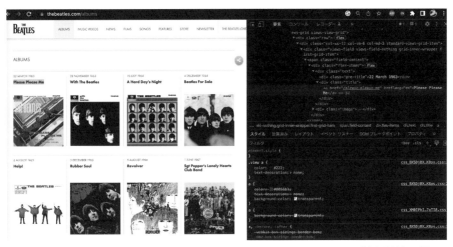

図 3.6 Google Chrome 上で、デベロッパーツールを用いてタグの対応関係を調べる

```python
import requests
from bs4 import BeautifulSoup

#ビートルズのアルバム一覧が掲載されているURLを探す
url = 'https://www.thebeatles.com/albums'

response = requests.get(url)
soup = BeautifulSoup(response.content, 'html.parser')

# アルバム情報が入っているセクションを探す
album_section = soup.find('div', {'class': 'order-1
↪   order-lg-2 col-12'})

```

```
13  #print(album_section)

14

15  #アルバム情報を取得する

16  for album in album_section.find_all('div', {'class':
    ↪    'col-xs-12 col-sm-6 col-md-3
    ↪    standard-views-grid-item'}):

17      #print(album)

18      album_title = album.find('div', {'class':
        ↪    'title'}).text.strip()

19      album_year = album.find('div', {'class':
        ↪    'pre-title'}).text.strip()

20

21      print('Title:', album_title, ', Year:', album_year)
```

　スクレイピングにより、ビートルズのアルバムリストを取得した結果は以下の通りです。そして最後に、あなたが受け取る愛とあなたが生み出す愛は等しい (The End, The Beatles)。

```
1  Title: Please Please Me , Year: 22 March 1963
2  Title: With The Beatles , Year: 22 November 1963
3  Title: A Hard Day's Night , Year: 10 July 1964
4  Title: Beatles For Sale , Year: 4 December 1964
5  Title: Help! , Year: 6 August 1965
6  Title: Rubber Soul , Year: 3 December 1965
7  Title: Revolver , Year: 5 August 1966
```

```
 8  Title: Sgt Pepper's Lonely Hearts Club Band , Year: 1 June
    ↪  1967
 9  Title: Magical Mystery Tour , Year: 27 November 1967
10  Title: The Beatles , Year: 22 November 1968
11  Title: Yellow Submarine , Year: 17 January 1969
12  Title: Abbey Road , Year: 26 September 1969
13  Title: Let It Be , Year: 8 May 1970
14  Title: The Beatles 1962-1966 , Year: 1 April 1973
15  Title: The Beatles 1967-1970 , Year: 2 April 1973
16  Title: Past Masters , Year: 7 March 1988
17  Title: Live At The BBC , Year: 30 November 1994
18  Title: The Beatles Anthology 1 , Year: 20 November 1995
19  Title: The Beatles Anthology 2 , Year: 18 March 1996
20  Title: The Beatles Anthology 3 , Year: 28 October 1996
21  Title: Yellow Submarine Songtrack , Year: 13 September 1999
22  Title: 1 , Year: 13 November 2000
23  Title: Let It Be...Naked , Year: 17 November 2003
24  Title: Love , Year: 20 November 2006
25  Title: On Air - Live At The BBC Volume 2 , Year: 11
    ↪  November 2013
26  Title: Live At The Hollywood Bowl , Year: 9 September 2016
```

3.4 楽天 API を利用して、楽天市場で提供する商品情報を入手する

　子どものころ、トミカを大きな駅の近くにあるデパートに行って買ってもらうのが週末の楽しみだった時期もありました。それから数十年経ち、いざ親の立場になると、デパートや家電量販店で商品を眺めて、「よし、これを amazon か楽天市場で買おう。安いし、ポイント付くし。」という消費行動をしている自分を見つけたのでした。テクノロジーの変化というものは恐ろしい。

　ここでは、楽天市場が提供する API を用いて商品情報や旅行に関するホテルの情報などを取得する方法を解説したいと思います。これには、まず楽天のアカウントを作成した後、Rakuten Developers (`https://webservice.rakuten.co.jp/`) というサイトにアクセスし、API 鍵の作成を行います。画面の右上にある「+ アプリ ID 発行」をクリックし、利用規約を確認の上、アプリ名とアプリ URL を指定します。

図 3.7　Rakuten Developers

設定が無事完了すると、アプリケーション ID(application id) と application secret の情報が表示されます。以下では、これらの情報を利用します。

3.4.1 楽天市場の情報を入手する

　まずは、楽天市場の情報を取得したいと思います。我々が普段使っている楽天市場 (https://www.rakuten.co.jp/) で、LINE スタンプの大人気キャラクターである「うさまる」を検索してみたいと思います。すると、以下のような画面が表示されると思います。うさまるメガネケースが欲しくなってきました。

図 3.8 「うさまる」を楽天市場で検索した結果

まずは先頭ページのみ取得する

　ここでは、楽天商品検索 API (https://webservice.rakuten.co.jp/docume

ntation/ichiba-item-search) を用いて、先程 Web を通じて検索したうさまるグッズの情報を、Web API を通じて集めてみたいと思います。API を利用するうえで必要なのは、1. API 鍵、2. 正確な URL、3. 必要十分な入力パラメータの 3 つです。これらの情報は多くの場合には API のサイトに掲載されているので、注意深く読んでみましょう。

　まず、リクエスト URL については、

```
1  https://app.rakuten.co.jp/services/api/IchibaItem/Search/20⌋
   ↪    220601?[parameter]=[value]⋯
```

と上記のページにて書かれています。楽天商品検索 API を利用するためには、この URL にアクセスして、それぞれ parameter と value を指定する必要があることがわかります。

　続いて、この入力パラメーターのうち必ず指定する必要のあるものを確認しましょう。2022 年 6 月現在の楽天商品検索 API では、

- アプリ ID: applicationId
- 検索キーワード: keyword
- ショップコード: shopCode
- 商品コード: itemCode
- ジャンル ID: genreId

を指定する必要があり、後者の 4 つについてはいずれかひとつを指定する必要があることが書かれています。そこで、ここでは先程 Web から検索した「うさまる」を検索キーワードとしましょう。また、アプリ ID については先程取得した ID を利用します。これらの parameter と value を、リクエスト URL の記法に合わせて入力していきます。

　また、API の仕様ページを確認すると、一度に取得出来るアイテム数は 30 件ということも書かれています。ここでは練習として、最初の 30 件のみうさまるグッズの情報

を取得することにしましょう。

　以下が最初のスクリプトです。urilib をインポートし、先程のリクエスト URL の
先頭部分を url に指定しています。また、format としては json 方式を指定していま
す。また、appplicationid には"うさまる"を指定しています。最後に、これらを組み
合わせてリクエスト URL の完全版を作成しています。なお、キーワードについては
urilib.parse.quote を用いて変換しています。

```
1  import urllib
2  url="https://app.rakuten.co.jp/services/api/IchibaItem/Sear⏎
   ↪  ch/20170706"
3  format="json"
4  applicationid="Rakuten から取得したアプリケーションIDを明記してくださ⏎
   ↪  い"
5  keyword="うさまる"
6  url2=url+"?"+"format="+format+"&keyword="+urllib.parse.quot⏎
   ↪  e(keyword)+"&applicationId="+applicationid
```

　続いて、urllib.request および json パッケージを用いて、この作成した URL に基づ
き API 経由でデータを取得します。もし不具合等がある場合、例外をキャッチして"not
available" と表示するようにしています。

```
1  import urllib.request as request
2  import json
3
4  try:
5      response = request.urlopen(url2)
```

```
 6       contents = response.read()
 7       print(contents.decode())
 8       response.close()
 9   except urllib.error.HTTPError:
10           print("not available")
11   else:
12       pass
```

出力した結果は以下の通りです。dict 形式のデータになっているため、若干どころか
かなり見にくいですね。

{"GenreInformation":[],"Items":[{"Item":{"affiliateRate":3,"affiliateUrl":"","asurakuArea":"群馬県/埼玉県/千葉県/東京都/神奈川県/新潟県/山梨県/長野県/岐阜県/静岡県/愛知県/三重県/滋賀県/宮城県/福島県/茨城県/栃木県","asurakuClosingTime":"12:00","asurakuFlag":1,"availability":1,"catchcopy":"【楽天ブックスならいつでも送料無料】","creditCardFlag":1,"endTime":"","genreId":"203063","giftFlag":0,"imageFlag":1,"itemCaption":"宝島社ウサマルオヘヤライトブック 発行年月:2023年02月21日 予約締切日:2022年11月25日 ページ数:8p サイズ:ムックその他 ISBN:9784299029492 本 美容・暮らし・健康・料理 雑貨 付録付き 付録付き","itemCode":"book:20871493","itemName":"うさまる お部屋ライト BOOK","itemPrice":3278,"itemUrl":"https://item.rakuten.co.jp/book/17361105/","mediumImageUrls":[{"imageUrl":"https://thumbnail.image.rakuten.co.jp/@0_mall/book/cabinet/9492/9784299029492_1_2.jpg?_ex=128x128"},{"imageUrl":"https://thumbnail.image.rakuten.co.jp/@0_mall/book/cabinet/9492/9784299029492_2.jpg?_ex=128x128"},{"imageUrl":"https://thumbnail.image.rakuten.co.jp/@0_mall/book/cabinet/9492/9784299029492_3.jpg?_ex=128x128"}],"pointRate":1,"pointRateEndTime":"","pointRateStartTime":"","postageFlag":0,"reviewAverage":4.63,"reviewCount":8,"shipOverseasArea":"","shipOverseasFlag":0,"shopAffiliateUrl":"","shopCode":"book","shopName":"楽天ブックス","shopOfTheYearFlag":0,"shopUrl":"https://www.rakuten.co.jp/book/","smallImageUrls":[{"imageUrl":"https://thumbnail.image.rakuten.co.jp/@0_mall/book/cabinet/9492/9784299029492_1_2.jpg?_ex=64x64"},{"imageUrl":"https://thumbnail.image.rakuten.co.jp/@0_mall/book/cabinet/9492/9784299029492_2.jpg?_ex=64x64"},{"imageUrl":"https://thumbnail.image.rakuten.co.jp/@0_mall/book/cabinet/9492/9784299029492_3.jpg?_ex=64x64"}],"startTime":"","tagIds":[],"taxFlag":0}},{"Item":{"affiliateRate":4,"affiliateUrl":"","asurakuArea":"","asurakuClosingTime":"","asurakuFlag":0,"availability":1,"catchcopy":"【ROPEPICNIC_FINAL_0206】[kw_ropepicnic_fs_230128][ROPEPICNIC_2990_0112][ROPEPICNIC_SALE_0112]ROPE' PICNIC レ

図3.9 「うさまる」を楽天商品検索 API で抽出した結果 (dict 形式)

そこで、Pandas の json_normalize を用いて DataFrame 形式にデータを変換します。
先程の dict のデータ構造や、API の仕様書を読む限り、私が知りたいうさまるグッズ
情報は Items の中に含まれているようなので、その中身を取り出すように指定してい

ます。

```
1  import pandas as pd
2  import json
3
4  temp2=json.loads(contents.decode())
5  temp3=pd.json_normalize(temp2['Items'])
6  temp3
```

temp3 を出力した結果は以下の通りです。世の中には色々なタイプのうさまるグッズがありそうなことがわかります。

Item.catchcopy	Item.creditCardFlag	Item.endTime	Item.genreId		Item.shipOverseasFlag	Item.shopAffiliateUrl	Item.shopCode	
【楽天ブックスならいつでも送料無料】	1		203063	...	0		book	
【ROPEPICNIC_FINAL_0206】【kw_ropepicnic_fs_23012...	1		110942	...	0		stylife	
USAMARU うさまる 公式ライセンス商品	1	2023-05-29 23:59	212717	...	0		bonita-shop	
【ROPEPICNIC_FINAL_0206】【kw_ropepicnic_fs_23012...	1		403871	...	0		ropepicnic	

図 3.10 「うさまる」を楽天商品検索 API で抽出した結果 (DataFrame 形式)

すべての商品情報を取得する

さて、先程書いたように楽天商品検索 API が一度に取得出来るアイテム数の上限は 30 件でした。ところが、うさまるのグッズは色々とあります。ぬいぐるみにはじまり、バッグや、T シャツや、化粧品や、間接照明用ライトなど・・・そこで、こうしたうさ

まるグッズをすべて取得することを行いましょう。これには、先程の API の出力パラメータのひとつを利用することで、すべてのうさまるグッズの情報を集めてみたいと思います。

楽天市場商品検索 API https://webservice.rakuten.co.jp/documentation/ichiba-item-search#inputParameter の出力パラメータを改めて確認すると、サービス固有パラメーターの中に、総ページ数 (pageCount) という項目があることがわかります。また、ページ番号 (page) という項目もあります。すなわち、本を 1 ページずつめくるように、ページ番号が総ページ数と同一になるまで、1 ページずつ 30 個のグッズ情報を読み込み、それを総ページ数まで繰り返せばすべての商品データを取得出来ることがわかります。また、入力パラメーターには必須項目ではありませんが、取得ページ (page) という項目があることがわかります。そこで、まず API をコールしてうさまるグッズの総ページ数を確認した後、すべてのページについて商品情報を取得することにします。

まずは、先程と同じくリクエスト URL を作成します。先程とまったく同じです！

```
1  import urllib
2  url="https://app.rakuten.co.jp/services/api/IchibaItem/Sear⏎
   ↪   ch/20170706"
3  format="json"
4  applicationid="Rakuten から取得したアプリケーションIDを明記してくださ⏎
   ↪   い"
5  keyword="うさまる"
6  url2=url+"?"+"format="+format+"&keyword="+urllib.parse.quot⏎
   ↪   e(keyword)+"&applicationId="+applicationid
```

続いて、データの取得を行います。一見するとややこしいスクリプトになっていま

す。また、慣れている方にとっては若干まどろっこしい書き方をしているのですが、理解しやすさを優先しているため、適宜使いやすいように変更して頂ければと思います。

　この部分で行っている作業は以下の通りです。

- 1 行目から 4 行目: 必要なパッケージ (request, json, pandas, time) をインポートします。先程と異なり、time パッケージを利用しています。
- 6 行目から 8 行目: 空の Pandas DataFrame に usamaru_list と名付けて作成しています。
- 11 行目から 20 行目: 一旦 API をコールして、合計のページ数を取得しています。先程作成した url2 を用いて response にコールした結果を取得し、それを contents に読み込みます。それを json パッケージを用いて temp に読み込み、続いてそれを Pandas の json_normalize を用いて Pandas DataFrame にしたものを temp10 に保存しています。この中には、楽天商品検索 API でうさまるを検索した際の総ページ数 (pageCount) の情報が含まれています。これを numofpages に取り出して、最後に print しています。
- 22 行目から 24 行目: for 文を用いてページごとにデータを取得します。すなわち、numofpages[0] の長さの分だけ作業を繰り返せばよいので、range 関数を用いてデータの長さを取得します。ところで、この場合 i は 0 からスタートするので、24 行目では i にプラス 1 しています。
- 26 行目: ここでは、time 関数を用いて for 文のループごとに作業を 10 秒止めています。これは、楽天 API に過度な負荷を掛けないためです。
- 28 行目: 先程作成していたリクエスト URL である url2 に、page 属性を付与しています。ここでは、i にプラス 1 して、それを str() 関数を用いて文字列化したものを付与しています。これにより、API をコールする際に page 数を指定してデータを取得することが出来ます。
- 30 行目から 34 行目: この部分は先程の、先頭ページのみ取得した場合とほぼ同じ

です。すなわち、request を用いて API をコールし、取得した JSON 形式のデータを読み込み、最終的には temp21 に DataFrame 化したデータを取り込んでいます。

- 36 行目: さて、temp21 は各ページごとの商品データになるので、これを最初に作成した usamaru_list に追記しています。ここでは、Pandas の concat 関数を用いて実行しています。

- 37-40 行目: なにかしら不具合があった場合には、"Not Available"と表示させる例外処理を行っています。

```python
1   import urllib.request as request
2   import json
3   import pandas as pd
4   import time
5
6   #空のDataFrameを作成する
7   #ここに楽天市場におけるうさまるグッズ一覧を放り込んでいく
8   usamaru_list=pd.DataFrame()
9
10  try:
11      response = request.urlopen(url2)
12      contents = response.read()
13      #print(contents.decode())
14      response.close()
15      temp=json.loads(contents.decode())
16      temp10=pd.json_normalize(temp)
17      #うさまるグッズが全部で何ページあるかをまずは確認する
18      #なお、楽天API の場合一度に取得できるアイテム数は一度に30個
```

```
19    numofpages=temp10.pageCount
20    print("取得するページ数", numofpages[0])
21
22    #確認したページ数に基づき、その回数だけItems情報を取得する
23    for i in range(numofpages[0]):
24            print(i+1, "ページ目")
25            #API に負荷を掛けないように、10秒待つ
26            time.sleep(10)
27            #先程と異なり、page属性を付加している
28            url3=url2+"&page="+str(i+1)
29            #print(url3)
30            response2 = request.urlopen(url3)
31            content2 = response2.read()
32            response2.close()
33            temp20=json.loads(content2.decode())
34            temp21=pd.json_normalize(temp20['Items'])
35            #取得したデータをusamaru_listに追加する
36            usamaru_list=pd.concat([usamaru_list, temp21],
              ↪   axis=0)
37 except urllib.error.HTTPError:
38            print("not available")
39 else:
40      pass
```

取得したデータの一覧を確認しましょう。usamaru_list とタイプします。

```
1  usamaru_list
```

楽天市場で購入できるうさまるグッズは、全部で552種類あることがわかります。う
さまらー（うさまるファン）としては、もっと働かないといけないですね・・・

	Item.catchcopy	Item.creditCardFlag	Item.endTime	Item.genreId	...	Item.shipOverseasFlag
	【楽天ブックスならいつでも送料無料】	1		203063	...	0
	【ROPEPICNIC_FINAL_0206】【kw_ropepicnic_fs_23012...	1		110942	...	0
	USAMARU うさまる 公式ライセンス商品	1	2023-05-29 23:59	212717	...	0
	【ROPEPICNIC_FINAL_0206】【kw_ropepicnic_fs_23012...	1		403871	...	0
	USAMARU うさまる 公式ライセンス商品 うさこ（ピンク）	1	2023-05-29 23:59	112203	...	0
	...	...	...	...	...	...

図 3.11 「うさまる」全グッズを取得した結果

これらの出力データについて、Pandas の機能を用いていくつか特徴を把握すること
が出来ます。たとえば、ショップごとの商品数を確認しましょう。ここでは、groupby
関数を用い、Item.shopName ごとに束ねています。

```
1  #ショップごとの商品数を抽出する
2  shop_list=usamaru_list.groupby("Item.shopName")
```

```
3   #出力する
4   shop_list.size()
```

　結果は以下の通りです。どうやら楽天市場では、141店舗がうさまるグッズを販売している様子です。やっぱりもっと働かないと (以下同じ)・・・

```
Out[120]:   Item.shopName
            AJIMURA-SHOP        3
            AMORE楽天市場店        1
            AOIデパート           7
            Alt Mart           1
            Athena Global      6
                              ..
            買取王子             1
            遊you 楽天市場店        9
            雑貨バーグ            6
            雑貨&アートの通販店ベルコモン   7
            韓Love             1
            Length: 141, dtype: int64
```

図 3.12　「うさまる」グッズを販売するショップごとの商品数

特定のショップの商品リストを作成する

　この商品検索APIでは、キーワード検索だけではなく特定のショップがどのような商品を販売しているのか、その一覧も取得することが出来ます。ここでは、先程のスクリプトをちょっとだけ改造して、愛知県豊田市のふるさと納税の返礼品全リストを取得したいと思います。地方財政なデータベースと組み合わせれば、地方自治体ごとのふるさと納税の効果の分析も出来そうな気がしますよね。

　まずは、楽天市場における愛知県豊田市のふるさと納税ページを探してみたいと思います。ここでは素直に、「楽天市場 豊田市 ふるさと納税」などでググってみるか、bing

検索するか、あるいはより素直に楽天市場で検索をしましょう。すると、以下のページ
にたどり着きます。

図 3.13 楽天市場における愛知県豊田市のふるさと納税ページ

　ここで着目すべきは、この楽天市場愛知県豊田市店の URL です。先程の商品検索
API のページにあるように、ショップに基づく情報を検索する際には、"ショップごとの
URL（`http://www.rakuten.co.jp/[xyz]`）における、xyz の情報を得る必要が
あります。そのため、楽天市場における愛知県豊田市の ShopCode は"f232114-toyota"
であることがわかります。こちらを使います。

　まず、何度も同じことを繰り返しているようで恐縮ですがリクエスト URL を作成し
ます。ところが、先程とは異なり keyword ではなく shopcode を指定していることに注

意してください。URL を作成する過程で"&shopCode="と指定し、そのあとに、変数 shopcode を指定しています (さきほどのうさまると異なり、URL コーディングする必要はありません)。これにより、shopcode が f232114-toyota である店舗の API コール時点のリストを取得することになります。

```
1  import urllib
2  url="https://app.rakuten.co.jp/services/api/IchibaItem/Sear
   ↪    ch/20170706"
3  format="json"
4  applicationid="Rakuten から取得したアプリケーションIDを明記してくださ
   ↪    い"
5  shopcode="f232114-toyota"
6  url2=url+"?"+"format="+format+"&shopCode="+shopcode+"&appli
   ↪    cationId="+applicationid
```

　続いて、一括して商品リスト (ここでは返礼品のリスト) を取得します。先程のスクリプトとほぼ同じです。

```
1  import urllib.request as request
2  import json
3  import pandas as pd
4  import time
5
6  #空のDataFrameを作成する
7  #ここに楽天市場における豊田市のふるさと納税返礼品一覧を放り込んでいく
8  toyota_furusato_list=pd.DataFrame()
```

```python
 9
10  try:
11      response = request.urlopen(url2)
12      contents = response.read()
13      #print(contents.decode())
14      response.close()
15      temp=json.loads(contents.decode())
16      temp10=pd.json_normalize(temp)
17      #豊田市のふるさと納税が全部で何ページあるかをまずは確認する
18      #なお、楽天APIの場合一度に取得できるアイテム数は一度に30個
19      numofpages=temp10.pageCount
20      print("取得するページ数", numofpages[0])
21
22      #確認したページ数に基づき、その回数だけItems情報を取得する
23      for i in range(numofpages[0]):
24              print(i+1, "ページ目")
25              #APIに負荷を掛けないように、10秒待つ
26              time.sleep(10)
27              #先程と異なり、page属性を付加している
28              url3=url2+"&page="+str(i+1)
29              #print(url3)
30              response2 = request.urlopen(url3)
31              content2 = response2.read()
32              response2.close()
33              temp20=json.loads(content2.decode())
```

```
34        temp21=pd.json_normalize(temp20['Items'])
35        #取得したデータをtoyota_furusato_listに追加する
36        toyota_furusato_list=pd.concat([toyota_furusato⌋
      ↪  _list, temp21],
      ↪  axis=0)
37 except urllib.error.HTTPError:
38        print("not available")
39 else:
40     pass
```

結果を出力しましょう。

```
1 toyota_furusato_list
```

Item.catchcopy を見ると、「豊田市 ふるさと納税」というタームの次に企業名が書かれていることがわかります。こちらを取り出して、後述する法人情報データベースや、Yahoo! Japan の API と組み合わせれば、どのような企業がふるさと納税に参画しているかの分析が行える気がしますね。

	ity	Item.catchcopy	Item.creditCardFlag	Item.endTime	Item.genreId	...	Item.shipOverseasFlag	Item.shopAffiliateUrl	Item.shopC
	1	豊田市 ふるさと 納税 コレカラフ ーズ	1		304694	...	0		f232114-to
	1	豊田市 ふるさと 納税 株式会社 香恋の里	1		507725	...	0		f232114-to
	1	納税 モンドダイ ニング株式会社	1		110432	...	0		f232114-to
	1	豊田市 ふるさと 納税 有限会社 梅村工務店	1		400798	...	0		f232114-to
	1	豊田市 ふるさと 納税 有限会社 大樹開発	1		204964	...	0		f232114-to

図 **3.14** 愛知県豊田市のふるさと納税ページの返礼品リストを DataFrame にした結果

3.4.2 楽天トラベルの情報を入手する

続いて、楽天トラベル施設検索 API(`https://webservice.rakuten.co.jp/documentation/simple-hotel-search`) を利用したいと思います。ここでは、東京駅の半径 3km 以内のホテル情報を検索することにします。リクエスト URL を作成するスクリプトは以下の通りです。緯度と経度の指定にあたっては、日本測地系（Tokyo Datum）を利用しています。API の仕様書を確認する限り、単位は秒、ミリ秒は小数点以下 2 桁以内で指定する必要があります。また、datumType に 1 を指定した場合には、世界測地系、単位は度で指定することが出来るようです。また、検索を行う半径として searchRadius の値を指定します。ここでは 3 を指定しています。

```
1  import urllib
2  url="https://app.rakuten.co.jp/services/api/Travel/SimpleHo
   ↪  telSearch/20170426"
```

```
3   format="json"

4

5   #検索する位置情報の設定

6   latitude="128440.51"

7   longitude="503172.21"

8   searchRadius="3"

9   applicationid="Rakuten から取得したアプリケーションIDを明記してくださ
    ↪   い"

10

11  url3=url+"?"+"applicationId="+applicationid+"&format="+form⌋
    ↪   at+"&latitude="+latitude+"&longitude="+longitude+"&sear⌋
    ↪   chRadius="+searchRadius
```

続いて、データの取得を行います。先程の楽天市場 API の場合とほぼ同じです。

```
1   import urllib.request as request

2

3   try:

4       response = request.urlopen(url3)

5       contents = response.read()

6       print(contents.decode())

7       response.close()

8   except urllib.error.HTTPError:

9           print("not available")

10  else:
```

```
11        pass
```

JSON 形式のデータ構造を見る限り、pagingInfo に合計ページ数や現在のページ、hotels の中の hotel に、各ホテルの情報が格納されているように見受けられます。これらの情報を参考にして、Pandas DataFrame 形式に変換しましょう。

{"pagingInfo":{"recordCount":610,"pageCount":21,"page":1,"first":1,"last":30},"hotels":[{"hotel":[{"hotelBasicInfo":{"hotelNo":137869,"hotelName":"東京ステーションホテル","hotelInformationUrl":"https://img.travel.rakuten.co.jp/image/tr/api/hs/dQ4dX/?f_no=137869","planListUrl":"https://img.travel.rakuten.co.jp/image/tr/api/hs/cHNRi/?f_no=137869&f_flg=PLAN","dpPlanListUrl":"https://img.travel.rakuten.co.jp/image/tr/api/hs/TDZXm/?noTomariHotel=137869","reviewUrl":"https://img.travel.rakuten.co.jp/image/tr/api/hs/RmfmX/?f_hotel_no=137869","hotelKanaName":"とうきょうすてーしょんほてる","hotelSpecial":"【JR東京駅丸の内南口直結】東京駅のクラシックホテル","hotelMinCharge":25137,"latitude":128438.81,"longitude":503168.31,"postalCode":"100-0005","address1":"","address2":"千代田区丸の内1-9-1","telephoneNo":"03-5220-1111","faxNo":"03-5220-0512","access":"JR東京駅丸の内南口直結。東京メトロ丸ノ内線東京駅より徒歩約3分。","parkingInformation":"有り。宿泊者一泊¥2,100（税金込）予約不可","nearestStation":"東京","hotelImageUrl":"https://img.travel.rakuten.co.jp/share/HOTEL/137869/137869.jpg","hotelThumbnailUrl":"https://img.travel.rakuten.co.jp/HIMG/90/137869.jpg","roomImageUrl":"https://img.travel.rakuten.co.jp/share/HOTEL/137869/137869_kya.jpg","roomThumbnailUrl":"https://img.travel.rakuten.co.jp/HIMG/INTERIOR/137869.jpg","hotelMapImageUrl":"https://img.travel.rakuten.co.jp/share/HOTEL/137869/137869map.gif","reviewCount":656,"reviewAverage":4.63,"userReview":"ROOMサービスで和食とサラダを頼みましたが、お箸がついていなかったので、再度、連絡しましたが、届くのに10分弱時間を要した事と、ランドリー袋が2名で宿泊したにもかかわらず、1枚しか用意されて… 2023-04-26 19:25:17投稿 <a href=\"https://img.travel.rakuten.co.jp/image/tr/api/hs/RmfmX/?f_hotel_no=137869\" class=\"3click\">つづきはこちら</a>"}},{"hotelRatingInfo":{"serviceAverage":4.63,"locationAverage":4.98,"roomAverage":4.7,"equipmentAverage":4.52,"bathAverage":4.49,"mealAverage":4.75}}]},{"hotel":[{"hotelBasicInfo":{"hotelNo":5562,"hotelName":"丸ノ内ホテル","hotelInformationUr

図 3.15 楽天トラベル API から返されたデータの内容を確認する

続いて、データの変換を行います。ここでは、temp4 にページ数の情報 (pagingInfo) を、temp3 に先頭ページのホテル情報 (["hotels", "hotel"]) を取得しています。

```
1  import pandas as pd
2  import json
3  temp2=json.loads(contents.decode())
4  #temp3=pd.json_normalize(temp2['hotels'],
   ↪    record_path='hotel')
5  temp4=pd.json_normalize(temp2['pagingInfo'])
6  temp3=pd.json_normalize(temp2, ["hotels", "hotel"])
```

temp4 の情報を取り出します。

```
1  temp4
```

ページ数の情報は以下の通りです。東京駅の半径 3km 以内のホテルということで、かなりたくさんあるみたいですね。

Out[31]:

	recordCount	pageCount	page	first	last
0	610	21	1	1	30

図 3.16 pagingInfo の情報

続いて、temp3 の情報を取り出します。

```
1  temp3[::2]
```

各ホテルの名称、最低価格や位置情報などの情報を取得することが出来ます。たとえば、COVID-19 下と現在のホテル価格の違いなどを、周期的に API でデータを取得すれば特定の政策効果に関する分析を行うことが出来そうですよね。

Out[152]:	hotelBasicInfo.hotelNo	hotelBasicInfo.hotelName	hotelBasicInfo.hotelInformationUrl	hotelBasicInfo.
0	137869.0	東京ステーションホテル	https://img.travel.rakuten.co.jp/image/tr/api/...	https://img.travel.rakuten.co.jp/ima
2	5562.0	丸ノ内ホテル	https://img.travel.rakuten.co.jp/image/tr/api/...	https://img.travel.rakuten.co.jp/ima
4	187298.0	ブルガリ ホテル 東京	https://img.travel.rakuten.co.jp/image/tr/api/...	https://img.travel.rakuten.co.jp/ima
6	182381.0	シャングリ・ラ 東京	https://img.travel.rakuten.co.jp/image/tr/api/...	https://img.travel.rakuten.co.jp/ima

図 3.17 ホテルの情報

temp4 で出力されているページ数の情報を用いれば、楽天市場商品検索 API と同じく、すべてのページのホテル情報を取得することが出来ます。ぜひ試してみてください。

3.4.3 楽天レシピの情報を入手する

ひとりで暮らしていたときは、外食で払うお金がもったいないので家で料理をよく作っていました。ただし、レパートリーの少なさは如何ともし難いものがあり、カレー投手が往年の中日ドラゴンズ浅尾拓也投手のように、3 連投する一週間もあったのでした。

楽天レシピカテゴリ一覧 API (`https://webservice.rakuten.co.jp/documentation/recipe-category-list`) と楽天レシピカテゴリ別ランキング API (`https://webservice.rakuten.co.jp/documentation/recipe-category-ranking`) のふたつを用いて、特定のカテゴリにおける楽天レシピを取得したいと

思います。レパートリーは増えるに越したことはありません。

　まず、楽天レシピカテゴリ別ランキングAPIの仕様書を参考にして、リクエストURL
を作成します。ここでは、カテゴリタイプとしてlargeを選択します。

```python
import urllib
url="https://app.rakuten.co.jp/services/api/Recipe/Category
↪    List/20170426?"
format="json"

#アプリケーションIDの指定
applicationId="Rakuten・から取得したアプリケーションIDを明記してくださ
↪    い"

url10=url+"?"+"&format="+format+"&applicationId="+applicati
↪    onId+"&categoryType=large"
```

　続いて、この情報に基づきAPIをコールします。

```python
import urllib.request as request

try:
    response = request.urlopen(url10)
    contents = response.read()
    print(contents.decode())
    response.close()
except urllib.error.HTTPError:
```

```
 9          print("not available")
10  else:
11      pass
```

　出力した結果は以下の通りです。どうやら、result の large の中に大カテゴリの情報が入っていることがわかります。

{"result":{"large":[{"categoryId":"30","categoryName":"人気メニュー","categoryUrl":"https://recipe.rakuten.co.jp/category/30/"},{"categoryId":"31","categoryName":"定番の肉料理","categoryUrl":"https://recipe.rakuten.co.jp/category/31/"},{"categoryId":"32","categoryName":"定番の魚料理","categoryUrl":"https://recipe.rakuten.co.jp/category/32/"},{"categoryId":"33","categoryName":"卵料理","categoryUrl":"https://recipe.rakuten.co.jp/category/33/"},{categoryName":"ご飯もの","categoryUrl":"https://recipe.rakuten.co.jp/category/14/"},{"categoryId":"15","categoryName":"パスタ","categoryUrl":"https://recipe.rakuten.co.jp/category/15/"},{"categoryId":"16","categoryName":"麺・粉物料理","categoryUrl":"https://recipe.rakuten.co.jp/category/16/"},{"categoryId":"17","categoryName":"汁物・スープ","categoryUrl":"https://recipe.rakuten.co.jp/category/17/"},{"categoryId":"23","categoryName":"鍋料理","categoryUrl":"https://recipe.rakuten.co.jp/category/23/"},{"categoryId":"18","categoryName":"サラダ","categoryUrl":"https://recipe.rakuten.co.jp/category/18/"},{"categoryId":"22","categoryName":"パン","categoryUrl":"https://recipe.rakuten.co.jp/category/22/"},{"categoryId":"21","categoryName":"お菓子","categoryUrl":"https://recipe.rakuten.co.jp/category/21/"},{"categoryId":"10","categoryName":"肉","categoryUrl":"https://recipe.rakuten.co.jp/category/10/"},{"categoryId":"11","categoryName":"魚","categoryUrl":"https://recipe.rakuten.co.jp/category/11/"},{"categoryId":"12","categoryName":"野菜","categoryUrl":"https://recipe.rakuten.co.jp/category/12/"},{"categoryId":"34","categoryName":"果物","categoryUrl":"https://recipe.rakuten.co.jp/category/34/"},{"categoryId":"19","categoryName":"ソース・調味料・ドレッシング","categoryUrl":"https://recipe.rakuten.co.jp/category/19/"},{"categoryId":"27","categoryName":"飲みもの","categoryUrl":"https://recipe.rakuten.co.jp/category/27/"},{"categoryId":"35","categoryName":"大豆・豆腐","categoryUrl":"https://recipe.rakuten.co.jp/category/35/"},{"categoryId":"13","categoryName":"その他の食材","categoryUrl":"https://recipe.rakuten.co.jp/category/13/"},{"categoryId":"20","categoryName":"お弁当","categoryUrl":"https://recipe.rakuten.co.jp/category/20/"},{"categoryId":"36","categoryName":"簡単料理・時短","categoryUrl":"https://recipe.rakuten.co.jp/category/36/"},{"categoryId":"37","categoryName":"節約料理","categoryUrl":"https://recipe.rakuten.co.jp/category/37/"},{"categoryId":"38","categoryName":"今日の献立","categoryUr

図 3.18　楽天レシピのカテゴリ情報 (json 方式)

　Pandas DataFrame 形式に変換します。

```
1  import pandas as pd
2  import json
3  temp11=json.loads(contents.decode())
4  temp14=pd.json_normalize(temp11['result']['large'])
5  temp14
```

以下の通り、temp14 に代入したレシピの大カテゴリの情報が出力されます。

	categoryId	categoryName	categoryUrl
0	30	人気メニュー	https://recipe.rakuten.co.jp/category/30/
1	31	定番の肉料理	https://recipe.rakuten.co.jp/category/31/
2	32	定番の魚料理	https://recipe.rakuten.co.jp/category/32/
3	33	卵料理	https://recipe.rakuten.co.jp/category/33/
4	14	ご飯もの	https://recipe.rakuten.co.jp/category/14/
5	15	パスタ	https://recipe.rakuten.co.jp/category/15/
6	16	麺・粉物料理	https://recipe.rakuten.co.jp/category/16/
7	17	汁物・スープ	https://recipe.rakuten.co.jp/category/17/
8	23	鍋料理	https://recipe.rakuten.co.jp/category/23/
9	18	サラダ	https://recipe.rakuten.co.jp/category/18/
10	22	パン	https://recipe.rakuten.co.jp/category/22/
11	21	お菓子	https://recipe.rakuten.co.jp/category/21/

図 3.19 楽天レシピの大カテゴリ情報 (Pandas DataFrame 方式)

同様に、中カテゴリの情報も以下のスクリプトで取得することが出来ます。先程と違うのは、categoryType を "medium" に指定している箇所のみです。最後に、temp15 に Pandas DataFrame 形式でリストを出力しています。

```
import urllib
import urllib.request as request
import pandas as pd
```

```python
import json

url="https://app.rakuten.co.jp/services/api/Recipe/Category⏎
↪   List/20170426?"
format="json"

applicationId="Rakuten から取得したアプリケーションIDを明記してくださ⏎
↪   い"

#categoryTypeをmediumに設定する
url11=url+"?"+"&format="+format+"&applicationId="+applicati⏎
↪   onId+"&categoryType=medium"

try:
    response = request.urlopen(url11)
    contents = response.read()
    #print(contents.decode())

except urllib.error.HTTPError:
        print("not available")
else:
    pass

temp12=json.loads(contents.decode())
temp15=pd.json_normalize(temp12['result']['medium'])
```

```
26
27  temp15
```

結果は以下の通りです。

	categoryId	categoryName	categoryUrl	parentCategoryId
0	275	牛肉	https://recipe.rakuten.co.jp/category/10-275/	10
1	276	豚肉	https://recipe.rakuten.co.jp/category/10-276/	10
2	277	鶏肉	https://recipe.rakuten.co.jp/category/10-277/	10
3	278	ひき肉	https://recipe.rakuten.co.jp/category/10-278/	10
4	68	ベーコン	https://recipe.rakuten.co.jp/category/10-68/	10
...	...	...	...	...
539	670	七五三の料理	https://recipe.rakuten.co.jp/category/54-670/	54
540	671	節分	https://recipe.rakuten.co.jp/category/55-671/	55
541	672	恵方巻き	https://recipe.rakuten.co.jp/category/55-672/	55
542	673	ななくさ粥（七草粥）	https://recipe.rakuten.co.jp/category/55-673/	55
543	674	バレンタイン	https://recipe.rakuten.co.jp/category/55-674/	55

544 rows × 4 columns

図 3.20　楽天レシピの中カテゴリ情報 (Pandas DataFrame 方式)

　同様に、小カテゴリ (small) 情報も取得できます。では、これらの情報を組み合わせることで、特定カテゴリのレシピ情報を、楽天レシピカテゴリ一覧 API から取得します。以下のスクリプトでは、先程得られた大から小カテゴリの情報を組み合わせることで、categoryId として"10-277-1119"を指定します。

```
1  import urllib
```

```
2  url="https://app.rakuten.co.jp/services/api/Recipe/Category」
   ↪   Ranking/20170426"
3  format="json"
4
5  #検索するカテゴリの指定
6  categoryId="10-277-1119"
7  applicationId="Rakuten から取得したアプリケーションIDを明記してくださ
   ↪   い"
8
9  url4=url+"?"+"&format="+format+"&categoryId="+categoryId+"&」
   ↪   applicationId="+applicationId
```

続いて、データを取得します。

```
1  import urllib.request as request
2
3  try:
4      response = request.urlopen(url4)
5      contents = response.read()
6      print(contents.decode())
7      response.close()
8  except urllib.error.HTTPError:
9          print("not available")
10 else:
11     pass
```

JSON方式で出力します。どうやら、result の中に色々なデータが入っていることがわかります。

{"result":[{"foodImageUrl":"https://image.space.rakuten.co.jp/d/strg/ctrl/3/fbd7dd260d736654532e6c0b1ec185a0cede8675.49.2.3.2.jpg","recipeDescription":"そのままでも、ご飯にのせて丼にしても♪","recipePublishday":"2017/10/10 22:37:34","shop":0,"pickup":0,"recipeId":1760028309,"nickname":"はぁぽし","smallImageUrl":"https://image.space.rakuten.co.jp/d/strg/ctrl/3/fbd7dd260d736654532e6c0b1ec185a0cede8675.49.2.3.2.jpg?thum=55","recipeMaterial":["鶏むね肉","塩","酒","片栗粉","○水","○塩","○鶏がらスープの素","○黒胡椒","長ネギ","いりごま","ごま油"],"recipeIndication":"約10分","recipeCost":"300円前後","rank":"1","recipeUrl":"https://recipe.rakuten.co.jp/recipe/1760028309/","mediumImageUrl":"https://image.space.rakuten.co.jp/d/strg/ctrl/3/fbd7dd260d736654532e6c0b1ec185a0cede8675.49.2.3.2.jpg?thum=54","recipeTitle":"ご飯がすすむ!鶏むね肉のねぎ塩焼き"},{"foodImageUrl":"https://image.space.rakuten.co.jp/d/strg/ctrl/3/3e5906a3607b2f1321cda1158b251c422320442040.2.3.2.jpg","recipeDescription":"鶏胸肉なのにウイング風♪骨が無いので食べ易くお弁当にもピッタリ♡油で揚げないのでヘルシーです♪","recipePublishday":"2015/09/30 14:28:09","shop":0,"pickup":1,"recipeId":1400014946,"nickname":"*ももら*","smallImageUrl":"https://image.space.rakuten.co.jp/d/strg/ctrl/3/3e5906a3607b2f1321cda1158b251c422320442040.2.3.2.jpg?thum=55","recipeMaterial":["鶏むね肉","片栗粉","塩コショウ","炒め用サラダ油","A醤油","Aみりん","Aお酒","A砂糖"],"recipeIndication":"約10分","recipeCost":"300円前後","rank":"2","recipeUrl":"https://recipe.rakuten.co.jp/recipe/1400014946/","mediumImageUrl":"https://image.space.rakuten.co.jp/d/strg/ctrl/3/3e5906a3607b2f1321cda1158b251c422320442040.2.3.2.jpg?thum=54","recipeTitle":"鶏胸肉で簡単♪手羽風揚げない甘辛照焼チキンお弁当に"},{"foodImageUrl":"https://image.space.rakuten.co.jp/d/strg/ctrl/3/2ffb60f5f4165b3d60025e2be58ae9c4022aac7a.33.2.3.2.jpg","recipeDescription":"下味付けて、フライパンですぐ調理。\n洗いものもなく簡単おいしく。お子様も大好きですよ。","recipePublishday":"2011/02/27 14:40:56","shop":0,"pickup":1,"recipeId":1720001297,"nickname":"k5b4","smallImageUrl":"https://image.space.rakuten.co.jp/d/strg/ctr

図 3.21　鶏むね肉なレシピを取得した結果 (json 方式)

いつものように、Pandas DataFrame 方式に変換します。

```python
import pandas as pd
import json

temp2=json.loads(contents.decode())
temp3=pd.json_normalize(temp2['result'])
temp3
```

結果は以下の通りです。レシピの価格帯や、具材の数や内容などの変遷を観察すると、たとえば新たなカテゴリーの料理がいつ、どこから流行ったのかを分析することに使えそうですよね。

Out[14]:

recipeMaterial	recipeIndication	recipeCost	rank	recipeUrl	medium
[鶏むね肉, 塩, 酒, 片栗粉, ○水, ○塩, ○鶏がらスープの素, ○黒胡椒, 長ネギ...	約10分	300円前後	1	https://recipe.rakuten.co.jp/recipe/1760028309/	https://image.space.rakuten.co.jp/d/
[鶏むね肉, 片栗粉, 塩コショウ, 炒め用サラダ油, A醤油, Aみりん, Aお酒, A砂糖]	約10分	300円前後	2	https://recipe.rakuten.co.jp/recipe/1400014946/	https://image.space.rakuten.co.jp/d/
[鶏むね肉, マヨネーズ, 片栗粉, 醤油（下味用）, 砂糖（下味用）, すりおろしニンニク...	約10分	100円以下	3	https://recipe.rakuten.co.jp/recipe/1720001297/	https://image.space.rakuten.co.jp/d/

図 3.22 鶏むね肉なレシピを取得した結果 (json 方式)

3.5 法人情報に緯度経度情報を付与して、地図にプロットする

ここでは、法人情報の住所に緯度経度情報を付与する (geo-coding) ことで、企業の立地について可視化しましょう。第4章に詳述した、gBizInfo に掲載されている基本情報の CSV ファイルを SQL サーバに展開し、以下のようなクエリを実行します。ここでは、2000 年に東京都に設立された企業の「現在」の立地について、どのような場所に集中しているかヒートマップを用いて明らかにします。

3.5.1 データを入手する

方法 1. MySQLWorkbench でクエリを実行し、出力した CSV ファイルを取り込む

まずは、SQL を用いてデータを取得しましょう。ここでは、設立年と所在地情報を用いて、東京都で 2000 年に設立された企業の住所情報を取得しています。以下のクエリを、MySQL を実行した Terminal もしくは MySQL Workbench 上で実行します。

```
1  SELECT houjin_num, houjin_name, address
2  FROM gbizinfo.kihon
3  where left(setsuritsu,4) = "2000" && left(address, 3) = "東京
   ↪  都"
```

取得したデータを CSV ファイルとして保存し、Notebook 上で Pandas の read_csv を用いて読み込みます。

```
1  import pandas as pd
2  datasets = pd.read_csv("tokyo_2000.csv")
```

方法2. Notebook経由でSQLからデータを取得する

　もしくは、以下のようにJupyter Notebook上でコーディングすることで、直接データを取り込むことも可能です。まずは、MySQLサーバへの接続情報を設定します。

```
1  import os
2  import pymysql
3  import pandas as pd
4  import matplotlib.pyplot as plt
5
6  host = 'localhost'
7  port = '3306'
8  user = 'hara'
9  password = '**********'
10 database = 'gbizinfo'
11
12 conn = pymysql.connect(
13     host=host,
14     port=int(port),
15     user=user,
16     passwd=password,
17     db=database,
```

```
18        charset='utf8mb4')
```

続いて、クエリを実行します。Pandas の read_sql_query 関数を用いて、先程と同じクエリを実行しています。

```
1   datasets = pd.read_sql_query("SELECT houjin_num,
    ↪   houjin_name, address FROM kihon where
    ↪   left(setsuritsu,4) = '2000' && left(address, 3) = '東京都
    ↪   ' ",conn)
```

経路こそ違えど、同じデータセットが用意出来たことになります。

３.５.２ 緯度経度情報を付与する

こうして取得したデータの中身を確認しましょう。そのまま素直に、datasets とタイプします。

```
1   datasets
```

出力は以下のようになります。法人番号と法人名、住所が格納されていることがわかります。

	houjin_num	houjin_name	address
0	1010001067375	イーコーポレーションドットジェーピー株式会社	東京都中央区日本橋大伝馬町１２番１号
1	1010001067920	株式会社ジェイ・ピー・システムズ	東京都千代田区平河町１丁目３番１３号平河町フロントビル１階
2	1010001070701	パーカッショネア・ジャパン株式会社	東京都港区芝浦２丁目３番３１号
3	1010001074941	シーアンドゼットコミュニケーション株式会社	東京都中央区銀座１丁目１６番１号東貨ビル９階
4	1010001080436	株式会社日本不動産鑑定パートナーズ	東京都千代田区神田錦町２丁目７番地
...	...	...	...
333	9011102018838	有限会社エフアンドエフインターナショナル	東京都新宿区市谷仲之町２番４４－２０５
334	9011301005604	株式会社ネモト・サイエンス	東京都杉並区上荻１丁目１５番１号
335	9011501013415	株式会社デジタルソリューション	東京都北区上中里２丁目９番１号
336	9012401013439	デリバリーサービス株式会社	東京都府中市若松町３丁目２８番地の７
337	9013401001540	株式会社ファイネックス	東京都多摩市桜ヶ丘１丁目１６番地の６

338 rows × 3 columns

図 3.23 datasets の中身

続いて、この住所情報に基づき緯度および経度の情報を付与していきましょう。ここでは、国土地理院が提供する API (https://www.gsi.go.jp/sokuchikijun/sokuchikijun40025.html) を用います。取得した住所情報で API をコールすることにより、緯度と経度の情報を取得していきます。また、API の利用負荷を下げるために time.sleep(3) と指定しています。

```
1  import urllib
2  import urllib.request as request
3  import pandas as pd
4  import json
5  import time
6
7  url='https://msearch.gsi.go.jp/address-search/AddressSearch
   ↪    ?q='
```

```
 8
 9  temp4=pd.DataFrame()
10
11  for i, n in enumerate(datasets.address):
12          url='https://msearch.gsi.go.jp/address-search/Addre⏎
            ↪   ssSearch?q='
13          url2=url+urllib.parse.quote(n)
14          try:
15              response = request.urlopen(url2)
16              contents = response.read()
17              print(contents.decode())
18              temp2=json.loads(contents.decode())
19              temp3=pd.json_normalize(temp2)
20              temp4=pd.concat([temp4, temp3], axis=0)
21              response.close()
22              time.sleep(3)
23          except urllib.error.HTTPError:
24              print("not available")
25          else:
26              pass
```

続いて、取得出来た緯度経度情報を加工します。あまりエレガントではない書き方なので、適宜変更して頂ければと思います。

```
 1  latlng=pd.DataFrame()
 2
```

```python
for i, n in enumerate(temp4["geometry.coordinates"]):
    tmp=str(n).strip()
    tmp2=str(tmp).strip("[")
    tmp3=str(tmp2).strip("]")
    tmp4=tmp3.split(',')
    lat_tmp=float(tmp4[1])
    lng_tmp=float(tmp4[0])
    #ちょっと古い書き方
    #append はあまり使わないようにしましょう
    #latlng_tmp=pd.Series([lat_tmp, lng_tmp],
        index=latlng.columns)
    #latlng=latlng.append(latlng_tmp, ignore_index=True)
    latlng_tmp=pd.concat([pd.Series(lat_tmp),
        pd.Series(lng_tmp)], axis=1)
    latlng=pd.concat([latlng, latlng_tmp], axis=0,
        ignore_index=True)
```

こうして latlng という DataFrame が出来上がるので、コラム名として lat と lng をそれぞれ付与します。

```python
columns = ["lat", "lng"]
latlng.columns=columns
latlng
```

中身は以下の通りです。東京っぽい緯度と経度の情報がまとまっています。

Out[37]:

	lat	lng
0	35.690079	139.780807
1	35.683113	139.739792
2	35.644085	139.754501
3	35.674118	139.770599
4	35.691624	139.762909
...	...	...
333	35.693863	139.724274
334	35.705059	139.618546
335	35.744678	139.752136
336	35.673004	139.504990
337	35.640942	139.446106

338 rows × 2 columns

図 3.24　latlng の中身

最後に、こちらを地図上にプロットしましょう。folium を用います。

```
1  import folium
2  import geocoder
3  #ヒートマップパッケージをインポートする
4  from folium.plugins import HeatMap
5  location = '東京駅'
6  address2 = geocoder.osm(location, timeout=5.0)
```

```
7   address2.latlng
8
9   #緯度経度を指定する
10  map2 = folium.Map(location=address2.latlng, zoom_start=10)
11
12  #緯度・経度と場所情報をプロットする
13  HeatMap(latlng, radius=10, blur=5).add_to(map2)
```

　出力した結果はこちらです。白黒なのですこし見にくいですが、東京の中でも特定の
場所に企業があつまっていることがわかります。

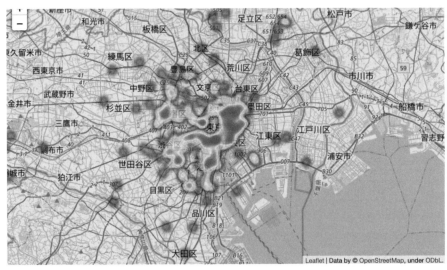

図3.25　地図上にプロットした結果

3.6 Yahoo! API を用いて分類や駅までの距離の情報を取得する

3.6.1 はじめに: Yahoo! Japan アカウントの作成

法人情報に基づき地図にプロットするところまでは出来ましたが、そもそも、どういう会社なのかを知りたい気分になってきた気がします (少なくとも、僕は)。そこで、「Yahoo! JAPAN Web サービス」を用い、先程 gbizInfo から手に入れた企業名に基づき企業の分類や最寄り駅などの情報を取得することにします。

ここでは、`https://developer.yahoo.co.jp/start/` を参照した上で、Yahoo! Japan の Web サービス API を用いて企業の属性情報を取得することにします。

こうした API へのアクセスの作成にあたっては、当然ながらそのサービスの ID を有していることが条件になります。以下は、2023 年 5 月現在の設定方法になります。逐次、該当する Web ページを参照の上アカウントの設定および API 鍵の作成を行ってください。作成方法は逐次変化する可能性があるため、ここでは省略します。

1. Yahoo! JAPAN ID を取得
2. アプリケーションを登録
3. ドキュメントを読む
4. アプリケーションを作成する
5. アプリケーションを公開する

アプリケーションの作成が終わると、以下のように設定情報が確認できます。[コピー] をクリックして、Client ID と題された文字列のコピーを行ってください。

図 3.26　Yahoo! Japan Web サービスの「アプリケーションの詳細」から Client ID を確認する

3.6.2　Jupyter Notebook 上での API の利用

データの取り込み

　続いて前節でも利用した、gBizInfo から取得した「東京都で 2000 年に設立された企業の一覧」リストを Jupyter Notebook 上に読み込むことにします。

```
1  import pandas as pd
2  datasets = pd.read_csv("../tokyo_2000.csv")
```

　以下のように、法人番号 (houjin_num) と法人名 (houjin_name)、住所 (address) か

ら構成されています。

	houjin_num	houjin_name	address
0	1010001067375	イーコーポレーションドットジェーピー株式会社	東京都中央区日本橋大伝馬町１２番１号
1	1010001067920	株式会社ジェイ・ピー・システムズ	東京都千代田区平河町１丁目３番１３号平河町フロントビル１階
2	1010001070701	パーカッショネア・ジャパン株式会社	東京都港区芝浦２丁目３番３１号
3	1010001074941	シーアンドゼットコミュニケーション株式会社	東京都中央区銀座１丁目１６番地１号東貨ビル９階
4	1010001080436	株式会社日本不動産鑑定パートナーズ	東京都千代田区神田錦町２丁目７番地
...	...	...	...
333	9011102018838	有限会社エフアンドエフインターナショナル	東京都新宿区市谷仲之町２番４４−２０５
334	9011301005604	株式会社ネモト・サイエンス	東京都杉並区上荻１丁目１５番１号
335	9011501013415	株式会社デジタルソリューション	東京都北区上中里２丁目９番１号
336	9012401013439	デリバリーサービス株式会社	東京都府中市若松町３丁目２８番地の７
337	9013401001540	株式会社ファイネックス	東京都多摩市桜ヶ丘１丁目１６番地の６

338 rows × 3 columns

図 3.27 東京都で 2000 年に設立された企業リスト

続いて、Yahoo! ローカルサーチ API (https://developer.yahoo.co.jp/
webapi/map/openlocalplatform/v1/localsearch.html) を用いて、企業に
関する様々な情報を取得することにしましょう。ローカルサーチ API では、企業の住
所、名前、最寄り駅と駅までの距離、主な業種などの情報を取得することが出来ます。
かなり長いソースコードになっていますが、ここでは以下のような手順でデータを取得
し、表形式に変換しています。

- 必要なパッケージを読み込む (import)
- Yahoo! Japan API への URL および API 鍵を指定する
- API にコールする URL を作成する。ここでは、API 鍵とともに、法人名を渡して
  いる

- 読み取ったデータを temp5 に保持する。このとき、temp5 の中にある Result-Info.count が 0 より大きい場合には、以下の作業を行う。
- Feature 以下に保存されたデータを、pd.json_normalize を用いて取り出し temp5 に保存する。
- 元々法人情報で取得していた名前と、住所情報について，name および original_address という名前で temp5 にそれぞれ保存する
- Feature 以下の、Property.Genre に保持された情報を pd.json_normalize を用いて取り出し temp3 に保存する。
- Feature 以下の、Property.Station に保持された情報を pd.json_normalize を用いて取り出し station に保存する。
- これらについて、pd.concat を用いて企業ごとに接合させる。それぞれ、temp6, temp4, temp8 に保存する。
- 例外処理を行い、もし不具合がある場合には except 処理を行い、Print 文で"non available"と表示する。

```
1  import urllib
2  import urllib.request as request
3  import pandas as pd
4  import json
5
6  #Yahoo! API へのリンクおよびAPIキーを指定する
7  url='https://map.yahooapis.jp/search/local/V1/localSearch?a↲
   ↪  ppid='
8  api_key="Yahoo! から取得したAPI KEY を明記してください"
9
10 temp4=pd.DataFrame()
```

```
11  temp6=pd.DataFrame()
12  temp8=pd.DataFrame()
13
14  for name, row in datasets.iterrows():
15          try:
16                  url2=url+api_key
17                  +"&query="+urllib.parse.quote(row.houjin_name)+」
                    ↪   "&output=json"
18                  response = request.urlopen(url2)
19                  contents = response.read()
20                  #print(name, row)
21                  #print(contents.decode())
22                  temp2=json.loads(contents.decode())
23                  response.close()
24                  #print(temp2)
25                  temp5=pd.json_normalize(temp2)
26                  #print(temp5["ResultInfo.Count"])
27                  if(int(temp5["ResultInfo.Count"]) > 0 ):
28                      #あんまりエレガントじゃないけれど、ネストを別々に解く。
                        ↪   まずはFeature部分
29                      temp5=pd.json_normalize(temp2, "Feature")
30                      temp5["name"]=name
31                      temp5["original_address"]=row.address
32                      #続いてFeature内のPropertyおよびそのGenre部分
```

```
33    temp3=pd.json_normalize(temp2, ["Feature",
   ↪    ["Property", "Genre"]])
34    temp3["name"]=name
35    temp3["original_address"]=row.address
36    #Feature内のPropertyおよびそのStation部分
37    station=pd.json_normalize(temp2,
   ↪    ["Feature", ["Property", "Station"]])
38    station["name"]=name
39    station["original_address"]=row.address
40
41    #print(temp3)
42    #print(name)
43    #進度をチェックするために、名前を出力する
44    print(row.houjin_name)
45    #データを接合させる
46    temp6=pd.concat([temp6, temp5], axis=0)
47    temp4=pd.concat([temp4, temp3], axis=0)
48    temp8=pd.concat([temp8, station], axis=0)
49    except urllib.error.HTTPError:
50        print("not available")
```

　無事データの取得が終わると、(1) 企業情報を取得したテーブル、(2) 企業の分類情報を取得したテーブル、(3) 企業の最寄り駅とその距離をまとめたテーブルがそれぞれ作成されることになります。

　試しに、

```
1  temp4
```

とタイプして中身を確認します。特定の企業ごとに、複数の産業分類が行われていることが確認できます。多角化戦略ですね。。。

	Code	Name	name	original_address
0	0503001	IT関連産業	0	東京都中央区日本橋大伝馬町１２番１号
0	0409002	不動産鑑定	4	東京都千代田区神田錦町２丁目７番地
0	0501007	電気、事務、設備機器	7	東京都文京区湯島４丁目１－１１南山堂ビル４階
1	0501006	生活雑貨、日用品	7	東京都文京区湯島４丁目１－１１南山堂ビル４階
2	0501008	商社、卸売（その他）	7	東京都文京区湯島４丁目１－１１南山堂ビル４階
...	...	...	...	...
3	0510005	陸運、運送	336	東京都府中市若松町３丁目２８番地の7
4	0410006	住宅設備、建設、建築工事	336	東京都府中市若松町３丁目２８番地の7
5	0505001	建設、建築工事業	336	東京都府中市若松町３丁目２８番地の7
6	0510005	陸運、運送	336	東京都府中市若松町３丁目２８番地の7
7	0507001	衣料関連	336	東京都府中市若松町３丁目２８番地の7

478 rows × 4 columns

図 3.28 temp4（産業分類データ）

また、temp8 の中身を確認すると、

```
1  temp8
```

ローカル API からも、緯度・経度情報が取得できることが確認できます。

	Id	Gid	Name	Category	Description	Style	Geometry.Type	Geometry.Coordinates	
0	21330894507	q6kQHYHPeEM	イーコーポレーションドットジェーピー株式会社	[]		[]	point	139.780915833333,35.690125833333	84ba
0	21333008541	pOYYUVb_IVs	株式会社日本不動産鑑定パートナーズ	[]		[]	point	139.762766388889,35.691586111111	aa6

output; double click to hide output

図 3.29　temp8（緯度・経度データ）

これらについて、Pandas の Merge 機能を用いて接合しましょう。ここでは、法人名である name を用いて、Inner join させることにします。

```
temp10=pd.merge(temp6, temp4, on='name', how='inner')
temp11=pd.merge(temp10, temp8, on='name', how='inner')
```

結果は temp11 を確認します。

```
temp11
```

法人名に基づき、データが接合されていることが確認できます。

	Id_x	Gid	Name_x	Category	Description	Style	Geometry.Type	Geometry.Coordinates
0	21330894507	q6kQHYHPeEM	イーコーポレーションドットジェーピー株式会社	Ⅱ	Ⅱ		point	139.780915833333,35.690125833333
1	21330894507	q6kQHYHPeEM	イーコーポレーションドットジェーピー株式会社	Ⅱ	Ⅱ		point	139.780915833333,35.690125833333
2	21330894507	q6kQHYHPeEM	イーコーポレーションドットジェーピー	Ⅱ	Ⅱ		point	139.780915833333,35.690125833333

図 3.30　temp11（接合済みデータ）

　さて、色々と情報がたくさんあって見ずらいので、表示させる項目を抽出しましょ
う。割と面倒な方法を意図的に使っていますが、以下のスクリプトでは、temp11から
表示させる変数を抽出しています。

```
name2=temp11.name
name=temp11.Name_x
station_name=temp11.Name
station_railway=temp11.Railway
station_distance=temp11.Distance
station_exit=temp11.Exit
address2=temp11.original_address
category=temp11["Name_y"]
govcode=temp11["Property.GovernmentCode"]
```

```
10  tel=temp11["Property.Tel1"]
```

最後に、これらをつなぎ合わせて、yahoo_list という名前にしています。

```
1  yahoo_list=pd.concat([name2, name, address2, category,
   ↪   govcode, tel, station_name, station_railway,
   ↪   station_distance, station_exit], axis=1)
2  yahoo_list=yahoo_list.drop_duplicates()
3  yahoo_list.set_index("name")
```

　出力結果は以下の通りです。企業の分類、それから、最寄り駅とそこまでの距離が出力されていることがわかります。競合する小規模な事業者同士の分析に使えそうですよね。

name	Name_x	original_address	Name_y	Property.GovernmentCode	Property.Tel1	Name	Railway	Distance	Exit
0	イーコーポレーションドットジェービー株式会社	東京都中央区日本橋大伝馬町１２番１号	IT関連産業	13102	03-5623-6560	小伝馬町	東京メトロ日比谷線	301	1
0	イーコーポレーションドットジェービー株式会社	東京都中央区日本橋大伝馬町１２番１号	IT関連産業	13102	03-5623-6560	馬喰横山	都営新宿線	313	A2
0	イーコーポレーションドットジェービー株式会社	東京都中央区日本橋大伝馬町１２番１号	IT関連産業	13102	03-5623-6560	小伝馬町	東京メトロ日比谷線	348	2
4	株式会社日本不動産鑑定パートナーズ	東京都千代田区神田錦町２丁目７番地	不動産鑑定	13101	03-3233-3733	竹橋	東京メトロ東西線	387	3b
4	株式会社日本不動産鑑定パートナーズ	東京都千代田区神田錦町２丁目７番地	不動産鑑定	13101	03-3233-3733	竹橋	東京メトロ東西線	426	4

図 3.31　yahoo_list

3.7 Linked Open Data (LOD)

Linked Open Data とは、Web 上に存在する他のデータと「リンク」されている
データ（リンクトデータ、Linked Data）であること、誰でも自由に利用できるよ
うに「オープン」なライセンスで公開されたデータ（オープンデータ）であること
を兼ね備えたデータのことを指します[2]。これらの多くは、SPARQL Endpoint を
介して、データを入手することが可能になっています。たとえば、国会図書館の典
拠データ（国立国会図書館典拠データ検索・提供サービス：Web NDL Authorities;
https://id.ndl.go.jp/information/sparql/）や、Wikipedia を LOD 化し
た DBpedia, 各地方自治体のオープンデータサイトなどが挙げられます[3]。

ここでは、Python を用いてクエリを実行することで、データを取得しましょう。ま
ず、Jupyter Notebook/Google Colaboratory 上で sparqlwrapper をインストールし
ます。

```
1  #sparqlwrapper をインストールする
2  !pip install sparqlwrapper
```

無事にインストールが終われば、これにより SparqlEndpoint に接続出来るようにな
ります。ここでは、Wikipedia(DBpedia) およびメディア芸術 DB からデータを取得す
るサンプルをお示しします。

---

[2] 参照: リンクトオープンデータ（Linked Open Data: LOD）, https://www.ndl.go.jp/jp/dlib/standards/lod/index.html, 国立国会図書館 [2023 年 2 月 25 日閲覧]
[3] 詳細については, https://qiita.com/uedayou/items/9e4c6029a2cb6b76de9f を参照のこと。

3.7.1 Wikipedia(DBpedia) からデータを集めてくる

ここでは DBpedia より、東証マザーズに上場している企業の名前と、その概要の一覧を取得することにしましょう。

以下のスクリプトでは、まずインストールを行った SPARQLWrapper を import しています。続いて、SPARQLWrapper の endpoint(接続先) として、 `http://ja.dbpedia.org/sparql` を、データの返しフォーマットとして JSON 方式を指定しています。そして、sqarql2.setQuery 内にて、取得するデータを指定しています。

もし SQL の章を先にご覧頂いた方ならわかるように、SPARQL と SQL は極めて似た構造になっているように見受けられます。やはり、select 文で抽出する項目を選択して、where 文で条件を定めています。ただし、なんだかたくさん URI が含まれています。また、先頭には見慣れない PREFIX という構文も見受けられます。順番に確認していきましょう。

- 6行目: PREFIX (接頭辞) では、この SPARQL クエリ内で用いる「述語」がまとめられた URL である、`http://dbpedia.org/ontology/` を参照し、それを dbpedia-owl と定義しています。

- 7行目: SQL と同じく、Select 文を用います。distinct が指定されているので、重複が排除されます。そして ?name と ?abstract という語句が見受けられますが、これは後から詳述しましょう。そして、末尾に where 文があります。SQL と同じく、何かしらの条件ぎめをするように見受けられます。

- 8行目: SPARQL では、where 文の中でどのようなデータを取得するのかの条件を指定します。ここで注意すべきなのは、項目が全部で 3 つの構造から成り立っていることです。それぞれ、1. 主語, 2. 述語, 3. 目的語 と呼称します。当該行ではまず、?company という「主語」が、接頭にクエスチョンマークが指定されるた

め変数となります。続いて、述語として dbpedia-owl:wikiPageWikiLink が指定されています。最後に、目的語として`<http://ja.dbpedia.org/resource/`
`Category:`東証マザーズ上場企業`>`が明記されています。これにより、東証マザーズ上場企業として DBpedia 上でカテゴライズされている企業群の URI が取得されることになります。

- 9行目: ここでは主語は ?company, 述語は rdfs:label, 目的語は ?name となります。企業の名称を取得しています。あれ？ rdfs:label は PREFIX で定義されていない述語な気がしますよね。こちらは基本プロパティと呼ばれるもので、リソースに人間が参照出来るようにする名称(たとえば、コンテンツ名や企業名) を定めるものになります。そのため、こちらを述語にすることで、企業名を取り出しています。

- 10行目: 主語は ?company, 述語は dbpedia-owl:abstract, 目的語は ?abstract になります。企業の概要を取得しています。

- 13行目: 最後にこのクエリの結果を results2 に保存しています。

```
1  from SPARQLWrapper import SPARQLWrapper
2
3  #東証マザーズ上場企業の情報を取得する
4  sparql2 =
   ↪  SPARQLWrapper(endpoint='http://ja.dbpedia.org/sparql',
   ↪  returnFormat='json')
5  sparql2.setQuery("""
6     PREFIX dbpedia-owl:  <http://dbpedia.org/ontology/>
7     select distinct ?name ?abstract where {
8     ?company dbpedia-owl:wikiPageWikiLink
   ↪  <http://ja.dbpedia.org/resource/Category:東証マザーズ上場企
   ↪  業> .
```

```
 9       ?company rdfs:label ?name .

10       ?company dbpedia-owl:abstract ?abstract .

11   }

12   """)

13   results2 = sparql2.query().convert()
```

結果を観てみましょう。results2 をタイプして出力します。

```
 1   results2
```

以下の通り、dict 形式なのでちょっと見にくいですね。

```
{'head': {'link': [], 'vars': ['name', 'abstract', 'company']},
 'results': {'distinct': False,
  'ordered': True,
  'bindings': [{'name': {'type': 'literal', 'xml:lang': 'ja', 'value': 'ACSL'},
    'abstract': {'type': 'literal',
     'xml:lang': 'ja',
     'value': '株式会社ACSL (エーシーエスエル)は、東京都江戸川区に本社を置く日本のドローン専業メーカー。'},
    'company': {'type': 'uri',
     'value': 'http://ja.dbpedia.org/resource/ACSL'}},
   {'name': {'type': 'literal', 'xml:lang': 'ja', 'value': 'AIAIグループ'},
    'abstract': {'type': 'literal',
     'xml:lang': 'ja',
     'value': 'AIAIグループ株式会社 (アイアイグループ)は、保育、介護、ICTを主事業とする持株会社である。'},
    'company': {'type': 'uri',
     'value': 'http://ja.dbpedia.org/resource/AIAIグループ'}},
   {'name': {'type': 'literal', 'xml:lang': 'ja', 'value': 'AI inside'},
    'abstract': {'type': 'literal',
     'xml:lang': 'ja',
     'value': 'AI inside株式会社 (エーアイ インサイド、英: AI inside Inc.)は、東京都渋谷区に本社を置く日本の企業。AI認識技術を
```

図 3.32　dict 形式でデータを出力した結果

そこで、for 文を用いてネストされている項目ごとに取り出してみることにします。

```
 1   import pandas as pd

 2
```

```
3  for result in results2["results"]["bindings"]:
4      print(result["name"]["value"],";",result["abstract"]["v⌋
   ↪   alue"])
```

　結果は以下の通りです。マザーズ市場に上場している企業の概要と、名前が取得出来
ていることがわかります。

ACSL；株式会社ACSL（エーシーエスエル）は、東京都江戸川区に本社を置く日本のドローン専業メーカー。
AIAIグループ；AIAIグループ株式会社（アイアイグループ）は、保育、介護、ICTを主事業とする持株会社である。
AI inside；AI inside株式会社（エーアイ インサイド、英: AI inside Inc.）は、東京都渋谷区に本社を置く日本の企業。AI認識技術を
活用したクラウド型OCRサービスを手掛ける。
ALBERT；株式会社ALBERT（あるべると、英文社名：ALBERT Inc.）は、東京都新宿区北新宿に本社を置く、ビッグデータの分析を
行う日本の情報サービス企業。
ASJ（企業）；株式会社ASJ（エイエスジェイ、英: ASJ Inc.）は埼玉県川口市に本社を置き、ホスティングサービスや決済代行サービ
スなどのインターネットサービスや、オンラインゲームやSNSなどのデジタルコンテンツの企画・開発・運営を行う企業である。
AmidAホールディングス；株式会社AmidAホールディングス（アミダホールディングス、英: AmidA Holdings Co.,Ltd.)は、大阪
府大阪市西区に本社を置く、連結子会社2社を傘下に有する持株会社である。子会社であるハンコヤドットコムは印鑑を中心としたEC
通販事業を、AmidAはWEBマーケティングの全プロセスをワンストップで提供するデジタルマーケティング事業を展開している。
AppBank；AppBank株式会社（アップバンク）は、iPhoneやiPad等についての情報を掲載した総合サイト「AppBank.net」を運営す
る企業。ニュースのまとめやアプリレビュー、周辺アクセサリー紹介を複数のライターが発信している。また、iPhoneアプリやAndroid
アプリなどの作成や、動画事業（YouTuber等）を行っている。売上高40.3億円（2019年12月期）代表取締役社長は村井智建であ
る。
Branding Engineer；株式会社Branding Engineerは、東京都渋谷区に本社を置く日本の企業。フリーランスエンジニアのマッチン
グサービス、エンジニアのサービス、Webメディアなどのサービスを手がけている。
BuySell Technologies；株式会社BuySell Technologies（バイセルテクノロジーズ、英: BuySell Technologies Co., Ltd.)は、東
京都新宿区に本社をおく日本の企業。ネット型リユース事業を主軸とし、総合リユースサービス「バイセル」などを運営している。

図 3.33　Print 文を用いて出力した結果

③.⑦.② 日本のアニメのデータを集めてくる

　海外にいくと、ブリュッセルにドラゴンボール「だけの」ショップがあったり、トロ
ンハイムにはSPY FAMILY のアーニャがこちらを観て笑っているアニメショップが
あったりと（ちょっと怖い）、日本のコンテンツパワーの強さを改めて思い知ります。
著者はパリやクアラルンプールで暮らしてきたのですが、やっぱりアニメかゲームネタ
を知っていれば、どこの国に行っても会話には困らない気がします。つまり、かめはめ

波を打てるかどうかということなんですが。こうした、日本のメディアコンテンツの素晴らしさは色々と喧伝されて久しいですが、実は、アニメやゲームやマンガがこれまでにどのくらい存在して、どのような関係性をそれぞれが有しているのか、包括的なデータベースはなかなか存在していませんでした。文化庁がイニチアシブを取り作成したメディア芸術データベース(https://mediaarts-db.bunka.go.jp/)では、こうしたアニメやゲーム、マンガについてデータベース化された情報を取得することが出来ます。

図 3.34　メディア芸術データベース

　たとえば、検索欄に「スーパーマリオ」として検索すると、マリオに関する様々なコンテンツ情報を取得することが出来ます。コロコロコミックの「スーパーマリオくん」、2023 年も続いているのは驚きですよね。私と同世代のひとならばわかってもらえる気

がします。

図 3.35 スーパーマリオを検索した結果

メディア芸術データベース・ラボ(`https://mediag.bunka.go.jp/madb_lab/`)
では、メディア芸術データベースを API あるいは SPARQL 方式で提供しています。こ
こでは、`https://mediag.bunka.go.jp/madb_lab/lod/sparql/` に掲載され
ているクエリに基づき解説を行いたいと思います。ここでは、アニメ映画の題名とその
収録時間 (上映時間) の情報を取得し、降順に並べています。先程と同じく、PREFIX
を複数指定しています。class や ma が、メディア芸術データベースに関連する内容に
なっていますね。続いて、変数として 1.?アニメ映画、2.?ラベル、3.?収録時間 の 3 つ
を指定し、それらを出力しています。

```
from SPARQLWrapper import SPARQLWrapper
#アニメ映画を長い順に並べる
```

```
3  sparql6 = SPARQLWrapper(endpoint='https://mediag.bunka.go.j」
   ↪   p/sparql',
   ↪   returnFormat='json')
4  sparql6.setQuery("""
5  PREFIX schema:    <https://schema.org/>
6  PREFIX xsd:    <http://www.w3.org/2001/XMLSchema#>
7  PREFIX rdfs:    <http://www.w3.org/2000/01/rdf-schema#>
8  PREFIX class: <https://mediaarts-db.bunka.go.jp/data/class#>
9  PREFIX ma:
   ↪   <https://mediaarts-db.bunka.go.jp/data/property#>
10
11 SELECT
12     ?アニメ映画 ?ラベル ?収録時間
13 WHERE {
14     ?アニメ映画  schema:genre "アニメ映画" ;
15          schema:duration ?収録時間 ;
16          rdfs:label ?ラベル .
17 }
18 ORDER BY DESC(xsd:integer(?収録時間))
19
20 """)
21 results6 = sparql6.query().convert()
```

結果を出力します。

```
1  results6
```

以下のようになります。

```
Out[14]: {'head': {'vars': ['アニメ映画', 'ラベル', '収録時間']},
          [click to unscroll output; double click to hide]メ映画': {'type': 'uri',
            'value': 'https://mediaarts-db.bunka.go.jp/id/M3133'},
           '収録時間': {'type': 'literal', 'value': '158'},
           'ラベル': {'type': 'literal', 'value': '宇宙戦艦ヤマト 完結編'}},
          {'アニメ映画': {'type': 'uri',
            'value': 'https://mediaarts-db.bunka.go.jp/id/M3886'},
           '収録時間': {'type': 'literal', 'value': '157'},
           'ラベル': {'type': 'literal', 'value': '三国志[第三部] 遥かなる大地'}},
          {'アニメ映画': {'type': 'uri',
            'value': 'https://mediaarts-db.bunka.go.jp/id/M2987'},
           '収録時間': {'type': 'literal', 'value': '153'},
           'ラベル': {'type': 'literal', 'value': 'あしたのジョー'}},
          {'アニメ映画': {'type': 'uri',
            'value': 'https://mediaarts-db.bunka.go.jp/id/M2945'},
           '収録時間': {'type': 'literal', 'value': '151'},
           'ラベル': {'type': 'literal', 'value': 'さらば宇宙戦艦ヤマト 愛の戦士たち'}},
          {'アニメ映画': {'type': 'uri',
            'value': 'https://mediaarts-db.bunka.go.jp/id/M3105'},
```

図 3.36　dict 形式で出力した結果

やはり dict 形式ですと読みにくいので、ネストしている部分をそれぞれ取り出し
print 文で出力します。

```
1  #同様に，結果を整形しなおす
2  for result in results6["results"]["bindings"]:
3      print(result["ラベル"]["value"],"",result["収録時間
       → "]["value"],"",result["アニメ映画"]["value"])
```

結果は以下の通りです。やっぱり、イスカンダルって遠いですもんね。

```
宇宙戦艦ヤマト 完結編  158 https://mediaarts-db.bunka.go.jp/id/M3133
三国志[第三部] 遥かなる大地  157 https://mediaarts-db.bunka.go.jp/id/M3886
あしたのジョー  153 https://mediaarts-db.bunka.go.jp/id/M2987
さらば宇宙戦艦ヤマト 愛の戦士たち  151 https://mediaarts-db.bunka.go.jp/id/M2945
わが青春のアルカディア  150 https://mediaarts-db.bunka.go.jp/id/M3105
スタードライバー THE MOVIE  150 https://mediaarts-db.bunka.go.jp/id/M6242
三国志[第二部] 長江燃ゆ!  148 https://mediaarts-db.bunka.go.jp/id/M3816
ヤマト    click to unscroll output; double click to hide  arts-db.bunka.go.jp/id/M3015
機動戦士ガンダムIII めぐりあい宇宙編  140 https://mediaarts-db.bunka.go.jp/id/M3081
機動戦士ガンダム  139 https://mediaarts-db.bunka.go.jp/id/M3025
オーディーン 光子帆船スターライト  139 https://mediaarts-db.bunka.go.jp/id/M3233
三国志[第一部] 英雄たちの夜明け  138 https://mediaarts-db.bunka.go.jp/id/M3724
かぐや姫の物語  137 https://mediaarts-db.bunka.go.jp/id/M6956
宇宙戦艦 ヤマト 復活篇  135 https://mediaarts-db.bunka.go.jp/id/M5110
RAMAYANA The Legend of Prince Rama  135 https://mediaarts-db.bunka.go.jp/id/M4276
真田十勇士[実写]  135 https://mediaarts-db.bunka.go.jp/id/M7292
もののけ姫  133 https://mediaarts-db.bunka.go.jp/id/M4206
カムイの剣  132 https://mediaarts-db.bunka.go.jp/id/M3211
クラッシャージョウ  132 https://mediaarts-db.bunka.go.jp/id/M3125
```

図 **3.37**　print で出力した結果

応用編: 一番長寿のアニメシリーズはなんだろう?

　先程のちょっとした応用編として、アニメシリーズの話数を多い順番に並べて
みましょう。以下のようなクエリになります。先程とは、クエリの書き方が微妙
に異なっていることに注意してください。具体的には、総放送回数を取得するた
めに、ma:numberofPrograms という述語を指定しています。これは、PREFIX ma:
で指定された URL(`https://mediaarts-db.bunka.go.jp/data/property#`)
に記載されています。これにより、アニメシリーズの総放送回数を取得することが出
来ます。このように、参照する項目を変更することで、様々なデータを取得できま
すが、どのようにクエリ上で指定すればよいのかは、ぜひ `https://github.com/`
`mediaarts-db/dataset/blob/main/doc/` に記載されたメディア芸術データ
ベースメタデータスキーマ仕様書をご覧頂ければと思います。

```
1  from SPARQLWrapper import SPARQLWrapper
2  #アニメシリーズの総放送回数を多い順に並べる
```

```
3  sparql6 = SPARQLWrapper(endpoint='https://mediag.bunka.go.j」
   ↪  p/sparql',
   ↪  returnFormat='json')
4  sparql6.setQuery("""
5  PREFIX schema:    <https://schema.org/>
6  PREFIX xsd:    <http://www.w3.org/2001/XMLSchema#>
7  PREFIX rdfs:    <http://www.w3.org/2000/01/rdf-schema#>
8  PREFIX class: <https://mediaarts-db.bunka.go.jp/data/class#>
9  PREFIX ma:
   ↪  <https://mediaarts-db.bunka.go.jp/data/property#>
10
11 SELECT
12     ?アニメ ?ラベル ?総放送回数
13 WHERE {
14     ?アニメ schema:genre "アニメテレビレギュラーシリーズ" ;
15         ma:numberOfPrograms ?総放送回数 ;
16         rdfs:label ?ラベル .
17 }
18 ORDER BY DESC(xsd:integer(?総放送回数))
19
20 """)
21 results6 = sparql6.query().convert()
```

以下の通り、今回もまずはprintで出力してみたいと思います。

```
1  #アニメシリーズの本数が多い順番に並べる
```

```
2  for result in results6["results"]["bindings"]:
3      print(result["ラベル"]["value"],"",result["総放送回数
   ↪   "]["value"],"",result["アニメ"]["value"])
```

　結果は以下の通りです。同じ鳥山明作のドラゴンボールＺとアラレちゃんを比べる
と、ドラゴンボールＺのほうが話数が多いということがわかりました！！！ しかし、な
ぜサザエさんが入っていないのでしょうか・・・

```
キリンのものしり館 1565 https://mediaarts-db.bunka.go.jp/id/C7568
キリンあしたのカレンダー 1498 https://mediaarts-db.bunka.go.jp/id/C7830
ほかほか家族 1428 https://mediaarts-db.bunka.go.jp/id/C7637
ものしり大学明日のカレンダー 1274 https://mediaarts-db.bunka.go.jp/id/C7308
世界ものしり旅行 1006 https://mediaarts-db.bunka.go.jp/id/C7453
忍者ハットリくん 694 https://mediaarts-db.bunka.go.jp/id/C7947
カバトット 560 https://mediaarts-db.bunka.go.jp/id/C7427
パーマン(新) 526 https://mediaarts-db.bunka.go.jp/id/C8114
オバケのQ太郎(新) 510 https://mediaarts-db.bunka.go.jp/id/C8251
キリンものしり大学 マンガ人物史 366 https://mediaarts-db.bunka.go.jp/id/C7413
インスタントヒストリー 312 https://mediaarts-db.bunka.go.jp/id/C7811
おとぎマンガカレンダー 312 https://mediaarts-db.bunka.go.jp/id/C7813
かいけつタマゴン 308 https://mediaarts-db.bunka.go.jp/id/C7477
まんがはじめて物語 305 https://mediaarts-db.bunka.go.jp/id/C7738
一休さん 296 https://mediaarts-db.bunka.go.jp/id/C7602
DRAGON BALL Z 291 https://mediaarts-db.bunka.go.jp/id/C8521
ドタンバのマナー 283 https://mediaarts-db.bunka.go.jp/id/C8222
ポケットモンスター 276 https://mediaarts-db.bunka.go.jp/id/C8846
ノンタンといっしょ 263 https://mediaarts-db.bunka.go.jp/id/C8891
```

図 3.38　長寿アニメシリーズ一覧

第4章 SQLで大規模データを管理・活用しよう

この章では、大規模なデータセットをどうハンドリングするかの方法について学びます。具体的には、MySQL や Google BigQuery の利用方法について学びます。

4.1 はじめに: SQL で色々なデータを管理する

　データサイエンスやデータ分析を扱う日本の社会科学系の学部や大学院の講義で、SQL などのリレーショナルデータベースが取り扱われることはまだかなり少ないようです。それはやはり、社会科学のデータ利用規模が自然科学に比べれば、「かなり」小さかったからだと思います。しかしながら、我々の活動を取り巻くデータと、そのデータ量は日々増加し続けています。2020 年ごろからは、COVID-19 の影響からか企業のミーティングや大学の講義を Zoom や Teams で行うことがすっかり当たり前になりました。たとえ COVID-19 が落ち着いて我々は会社や大学に戻ることになったとしても、その道中の電車の中では、ひたすらスマホで村上や岡本によるホームランを狙ったり、推しのウマ娘。の成長を見守っていたりしています。あるいは、Instagram で DM を送っている方もいらっしゃるのかもしれません。そして大学に到着して、よくわからない大学の先生の講義を聴きながら、うっかり見つかって怒られないようにしつつ、スマートフォンで DAZN の中継を観ているのかもしれません。このように、この十数年ほどで我々はその我々の日々の行動をことごとくデジタルで追えるようにして、親切な

ことにはそうした活動状況をログデータで辿れるようにしたのでした。Airtag を用いればなくした財布を見つけることが極めて容易になりましたし、子どもが持つスマホもしくは Suica が改札を通過すれば、それが親御さんのメールアドレスに通知として送られるというのも、割と当たり前の日常になりました。そうした、Web サイトやアプリを通じて活用出来るシステムの裏側では、何十万ものデータが蠢いています。そして、こうしたデータ(どうやらオルタナティブデータとも呼称するようです)の活用は、社会科学ではまだまだ始まったばかりの様子です。

　こうした分析を行う上で、Excel の章で書いた「100 万行の壁」は、やはり強大なものです。なぜならば、世の中にある様々なデータはとっくに 100 万を越えているからです。この章では一例として経済産業省が提供する gBizInfo を取り上げていますが、そうしたデータだけではなく、実はみなさんの会社や大学にある様々なデータは、Excel で取り扱うにはあまりにも複雑で、かつ大きなデータへと成長しているのです。葦と近所の子の成長は早い (引用: 博多華丸・大吉)。そして、Excel にこだわることで、こうしたデータセットをビジネスやアカデミアで活用する機会を実は失っているのかもしれません。この章の目的は、こうしたデータセットをご活用頂く機会を作って頂くことであったりします。

　「じゃあ、R か Python でもいいじゃん」と思われるかもしれません。しかしながら、これらはあくまでプログラミング言語であり、データを管理し、それを維持するためのツールではありません。こうした作業を行うには、やはり餅は餅屋。データベースの仕組みを用いることをオススメする次第です。かくして、この本は Excel にはじまり、Python を経由して、SQL に落ち着く構成にしています。具体的には、広く用いられている RDB(リレーショナルデータベース) の MySQL および, Google BigQuery の利用方法を紹介することにします。Excel, Python(もしくは R), SQL。それぞれのツールの一長一短を実際に利用し吟味して頂くことで、ぜひこうしたツールを縦横無尽に組み合わせることでデータ分析を円滑に実施して頂ければと思う次第です。

4.2 MySQLとMySQLWorkbenchのインストール方法（Windows11編）

まずは、Windows環境にMySQLおよびMySQL Workbenchを導入したいと思います。ここでは、Windows 11 バージョン 22H2 環境への導入のケースを示します。その他のWindowsのバージョンの場合、設定の順番や内容が一部異なる可能性がありますがご了承ください。

まずは、`https://mysql.com/jp/` にアクセスします。続いて、一番上のメニューから[ダウンロード]を選択します。

図 4.1 MySQL.com/jp

ダウンロードページ `https://mysql.com/jp/downloads/` が開きます。今回は、"MySQL Community(GPL) Downsloads »" をクリックします。

図 4.2　MySQL ダウンロードページ

MySQL Community Downloads ページが開きます。こちらから、MySQL Installer for Windows を選択します。

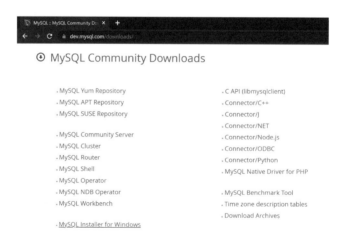

図 4.3　MySQL Community Downloads

MySQL Installer 8.0.33 という画面に遷移します。ここでは、"Select Operating System:" にて Microsoft Windows が選択されていることを確認します。他のオペレーティング・システムを利用している場合には、該当するものを選択してください。また、MacOS を利用している場合には後述するインストール方法を参照してください。ここでは、Windows(x86, 32-bit), MSI Installer のうち、ファイルサイズが 2.4MB のものを選択します。画面右端の Download を選択してください。

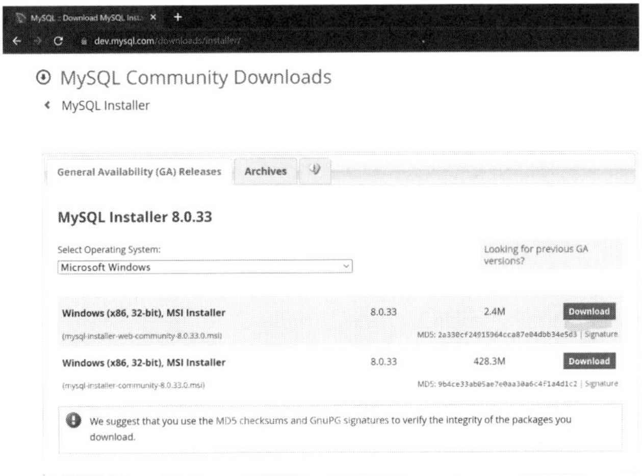

図 4.4 MySQL Installer 8.0.33 のダウンロード

My Oracle Web Account へのログインやサインアップを求める画面が表示されますが、今回は"No thanks, just start my download." を選択します。

図 4.5 Oracle Web Account へのログイン確認画面

　MSI ファイルのダウンロードが終わり次第、EXE ファイルを実行します。MySQL
Installer が起動します。ここでは、セットアップする MySQL のタイプを選択できま
す (Choosing a Setup Type)。選択肢としては、以下の 5 種類があります。

- Developer Default
- Server Only
- Client Only
- Full
- Custom

　今回は、あくまで MySQL に慣れることを目的にしましょう。そのため、Developer
Default をラジオボタンから選択し、右下の "Next >" をクリックします。

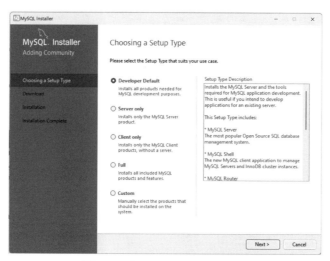

図 4.6 Choose a Setup Type

インストールを行うプロダクトの一覧が表示されています。まずは、これらのバイナリのダウンロードを行うことにしましょう。右下の "Execute" をクリックします。

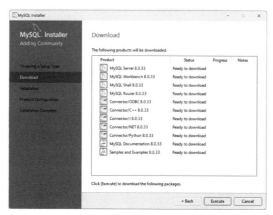

図 4.7 MySQL Installer: Download

データのダウンロードが始まります。インストーラ上で、ダウンロードの経過が確認できます。

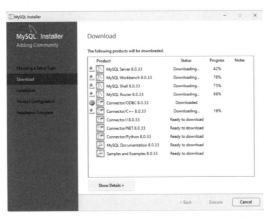

図 4.8　MySQL Installer: インストール中

すべてのバイナリのダウンロードが終わると、Status に Ready to install が表示されます。続いて、右下の "Execute" をクリックします。

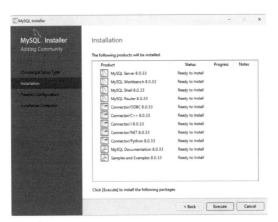

図 4.9　MySQL Installer: Installation

各プロダクトのインストールが開始されます。"Show Details >" をクリックすることで、インストール中のログを確認出来ます。すべてのプロダクトのインストールが完了すると、Status に Complete と表示されます。続いて、右下の "Next >" をクリックします。

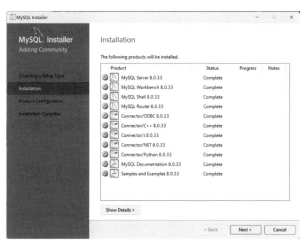

図 4.10 MySQL Installer: インストール完了

続いて、インストールした MySQL の初期設定を行います。画面では、MySQL Server, MySQL Router, Samples and Examples の設定を行うこと (Ready to Configure) が表示されています。続いて、右下の Next > をクリックします。

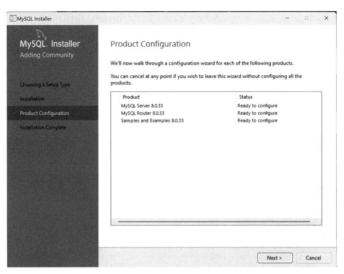

図 4.11　MySQL Installer: Product Configuration

　まずは、MySQL サーバの設定を行います。Config Type: については、今回は Development Computer を選択しましょう。運用状況について適宜変更してください。また、Connectivity については今回は TCP/IP を選択します。ポート番号のデフォルトは 3306 番です。また、Open Windows Firewall ports for network access という項目がありますが、今回はローカルの Windows PC 上で MySQL サーバと MySQL クライアントを並立させるため、チェックボックスを外します。最後に、右下の "Next >" をクリックします。

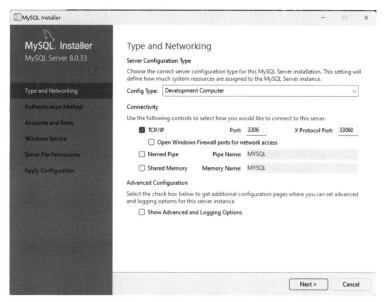

図 4.12　MySQL Installer: Type and Networking

　続いて、認証方法 (Authentication Method) の選択を行います。今回は、Use Strong
Password Encryption for Authentication (RECOMMENDED) を選択します。画面
にも表示されているように、もし古いクライアント環境やアプリケーションなど
と並立させる場合、下の Use Legacy Authentication Method(Retain MySQL 5.x
Compatibility) を選択する必要がありそうですが、新しい認証方法を利用することを推
奨します。最後に、"Next >" をクリックします。

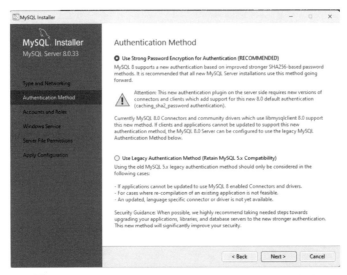

図 4.13 MySQL Installer: Authentication Method

　続いて、Root Account Password の設定を行います。MySQL サーバの Root (管理者) パスワードの設定です。MySQL Root Password: と Repeat Password: に、同じ文字列を入力します。英語の大文字と小文字、記号や数字を混ぜて、他人から推測されにくい文字列を指定しましょう。続いて、"Add User" をクリックします。

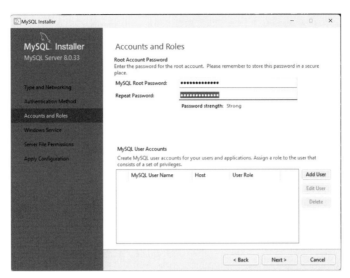

図 4.14　MySQL Installer: Accounts and Roles

MySQL User Account の作成を行います。ここでは、以下の情報を入力します。

- User Name: ユーザ名を指定します。ここでは yasushi とします。
- Host: 接続先のホスト名 (hostname) を指定します。ローカル上に存在するクライアントからサーバに接続することを今回は想定しているので、localhost を選択します。
- Role: ユーザの役割 (Role) を指定します。データベースの管理などを行うことを想定して、DB Admin を選択します。
- Authentication: MySQL を選択します。
- MySQL user Credentials Password: 当該ユーザ yasushi のパスワードを指定します。Root のパスワードと同じく、複雑かつランダムな文字列で構成するようにしてください。
- Confirm Password: 先程と同じ文字列を入力します。

最後に "OK" をクリックします。

図 4.15 MySQL Installer: MySQL User Account

先程の画面に遷移し、MySQL User Accounts: に user: yasushi が追加されていることが確認出来ます。最後に、"Next >" をクリックします。

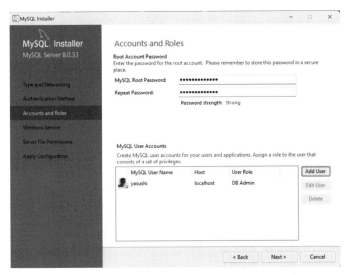

図 4.16　MySQL Installer: Accounts and Roles

　MySQL を Windows 上でどのように実行するかの設定を行います。ここでは、"Configure MySQL Server as a Windows Service" のチェックボタンを選択します。また、"Start the MySQL Server at System Startup"のチェックボタンを選択し、 Windows の起動時に MySQL Server を起動させることにします。また、Run Windows Service as... については、特別な理由が無い限りは "Standard System Account" ラジオボタンを選択します。最後に、"Next >" をクリックします。

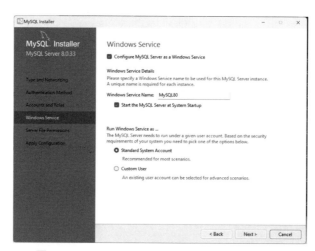

図 4.17 MySQL Installer: Windows Service

　ここでは、サーバファイルへのアクセス権限を設定します。ここでは、"Yes, grant full access to the user running the Windows Service (if applicable) and the administrators group only. Other users and groups will not have access."を選択します。続いて、"Next >" をクリックします。

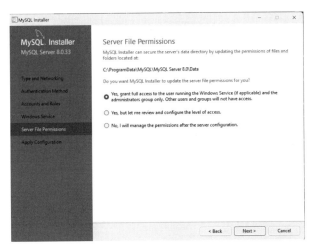

図 4.18 MySQL Installer: Server File Permissions

　ここまでで、MySQL サーバに関する初期設定が終わりました。最後に、"Execute"
をクリックします。

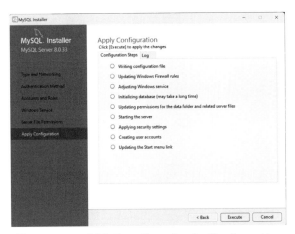

図 4.19 MySQL Installer: Apply Configuration

無事に設定が終わると、すべての項目がチェックされ、最後に"The configuration for MySQL Server 8.0.33 was successful." と表示されます。"Finish" をクリックします。

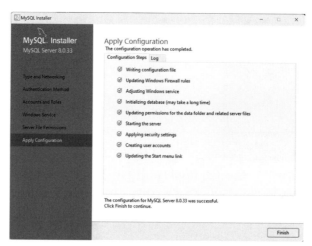

図 4.20　MySQL Installer: The configuration operation has completed

MySQL サーバにサンプルファイルを展開しましょう。ここでは、User Name と Password をそれぞれ指定し、"Check" をクリックします。無事接続出来た場合、チェックボタンが表示されます。続いて、"Next >" をクリックします。

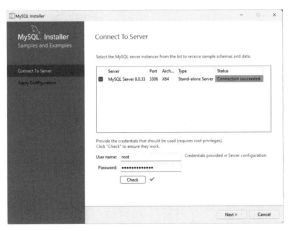

図 4.21　MySQL Installer: Connect to Server

ここではデータセットの展開が無事完了した場合、"The configuration for Samples and Examples 8.0.33 was successful." と表示されます。最後に、"Finish" をクリックします。

図 4.22　MySQL Installer: Sample and Examples の初期設定完了

Installation Complete と表示されます。お疲れ様でした！ Copy Log to Clipboard
をクリックすることで、インストール時のログ情報をクリップボードにコピーできま
す。何かのときのために、メモ帳などで保存することをお勧めします。最後に、Start
MySQL Workbench after setup と Start MySQL Shell after setup にチェックされて
いることを確認し、"Finish" をクリックします。

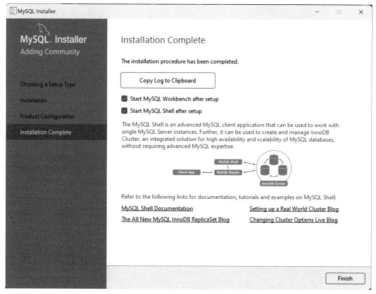

図 4.23 Installation Complete

先程チェックボタンを有効にしていた場合、MySQL Workbench が自動的に起動し
ます。すでに、(後述する Mac 版とは異なり)Root ユーザの MySQL アカウントが作成
されていることが確認できます。こちらのアイコンをクリックして、Root ユーザで
MySQL サーバに MySQL Workbench からアクセスします。

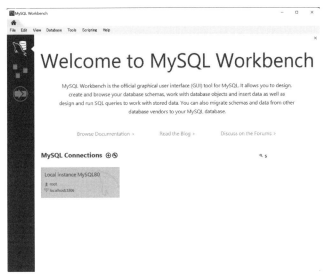

図 4.24　MySQL Workbench for Windows

"Connect to MySQL Server" というウインドウが開きます。ここで、Password に先程 Root ユーザに設置したパスワードを入力します。何度も入力するのが面倒だなあと思う場合には、Save password in vault のチェックボタンを選択しましょう。最後に、OK をクリックします。

図 4.25 Connect to MySQL Server

パスワードに誤りが無ければ、無事 MySQL Workbench を介してローカル上に展開した MySQL サーバにアクセス出来ます。Schemas(スキーマ) タブをクリックすると、先程セットアップの途中で展開したサンプルファイルが存在することが確認出来ます。(なお、後述する Mac 版の MySQL Workbench とは、絶妙にインターフェースの構造が異なることに注意してください。)

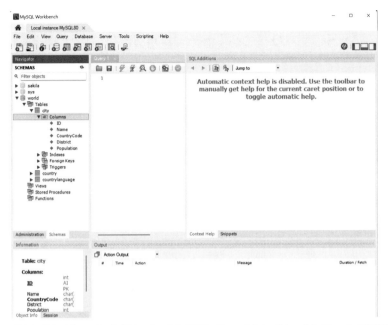

図 4.26 MySQL Workbench を通じて、MySQL サーバ上にサンプルデータが展開されている
ことが確認できる

MySQL のインストール方法 (MacOS 編)

ここでは MacOS Ventura 13.2 の Apple Silicon(M1/M2) 環境に、HomeBrew を用いて Mac 環境に MySQL を導入しましょう。コマンドベースで作業するのはドキドキするかもしれませんが、順繰りに GUI を辿るよりは楽だったりするので、お付き合いください。HomeBrew をインストールするには、Mac 上で Terminal を開き、以下をタイプします。

```
1  /bin/bash -c "$(curl -fsSL https://raw.githubusercontent.co⌋
   ↪  m/Homebrew/install/HEAD/install.sh)"
```

HomeBrew の利用にあたっては、利用にあたってはいくつかスクリプトを実行する必要があります。実行例を示しますが、必要に応じディレクトリ名などを変更してください。英語で書かれているメッセージを細かくご確認頂くことをお勧めします。

```
1  (echo; echo 'eval "$(/opt/homebrew/bin/brew shellenv)"') >>
   ↪  /Users/yasushihara/.zprofile
2  eval "$(/opt/homebrew/bin/brew shellenv)"
```

HomeBrew のインストールが終わり次第、続いて mysql のインストールを行います。

```
1  brew install mysql@5.7
```

以下のようにインストールが開始されます。どうやら、ひたすら色々なパッケージを持ってきてくれている様子です。

図 4.27　HomeBrew 経由で MySQL をインストールする (1)

　ひたすらインストールは続きますが、しばらくお待ち頂ければと思います。インストールが終わると、以下のような画面が表示されます。

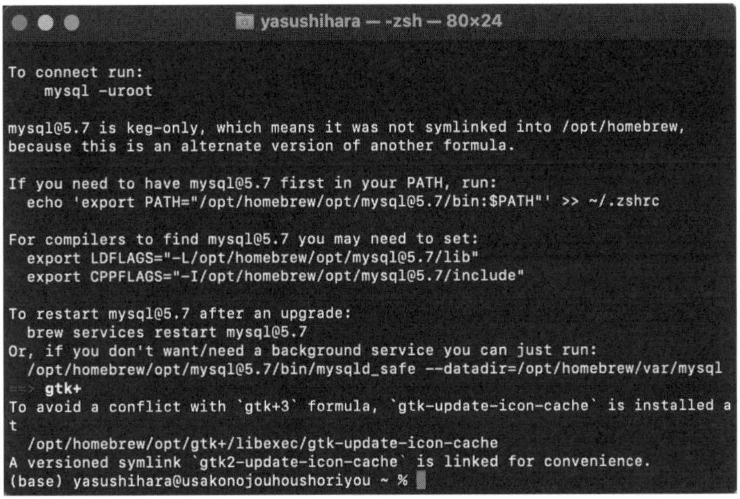

図 4.28　HomeBrew 経由で MySQL をインストールする (2)

ここでは、以下の2つのスクリプトを実行します。

```
1  echo 'export PATH="/opt/homebrew/opt/mysql@5.7/bin:$PATH"'
   ↪  >> ~/.zshrc
2  source ~/.zshrc
```

MySQLの実行パスを追加し、それをSourceコマンドを用いて即座に当該シェルに反映させています。

続いて、MySQLが導入されたかを確認するために、

```
1  mysql --version
```

と入力します。

以下の図のように、バージョン名などが表示されていれば無事インストールされたことが確認できます。

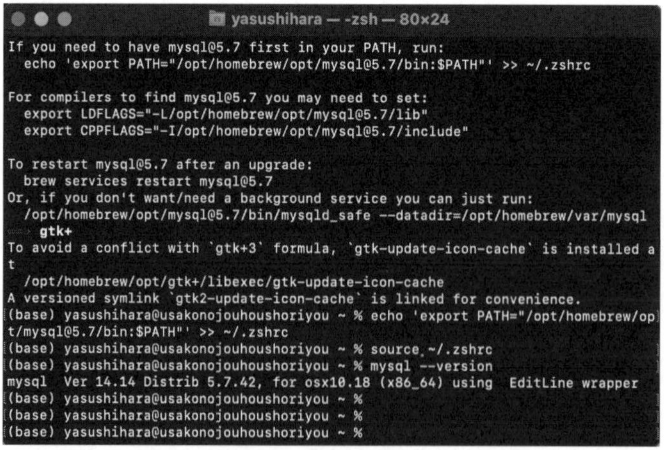

図 4.29 MySQLが導入されたか確認する

続いて、MySQLをスタートさせます。ここでは、

```
1  brew services start mysql@5.7
```

とタイプし実行します。

以下のように、"Successfully started..."と表示された場合、無事 MySQL が起動しました。

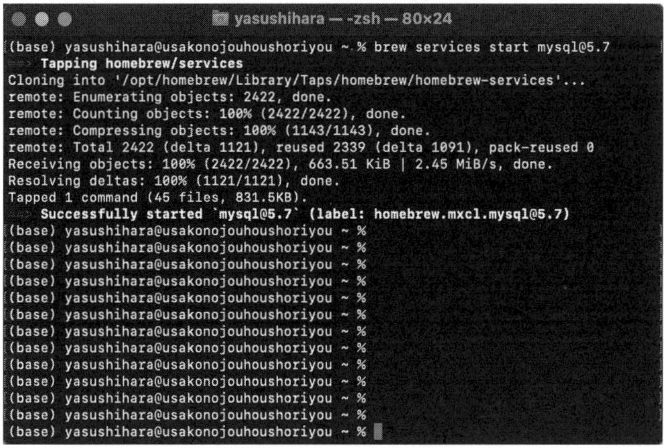

図 4.30 MySQL を起動する

続いて、MySQL の Root (管理者) パスワードの設定を行います。ここでは、

```
1  mysql_secure_installation
```

とタイプし実行します。

すると、以下のように Root (管理者) のパスワード設定を行うように尋ねられます。そこで、同じパスワードを 2 回入力します。小文字や大文字、記号や数字などを織り交

ぜるようにしてください。

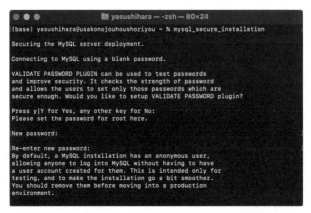

図4.31 MySQL の Root パスワードを設定する

　他にも、いくつかの項目の設定について尋ねられますが、適宜スキップなどを選択してください。All done! と表示されれば、設定は終了です。

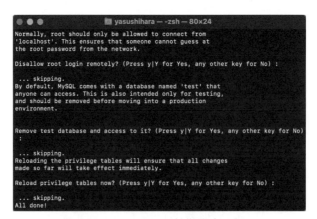

図4.32 MySQL の初期設定を行う

まずは、MySQL サーバにログイン出来るかをチェックしましょう。ここでは、まずはコマンドライン上から MySQL にログインすることにします。

```
1  mysql --user=root --password
```

と Terminal に入力し、先程指定した Root パスワードを入力しログイン出来るか確認してください。以下の図のように、サーバの情報が掲載されていたらログイン成功です。

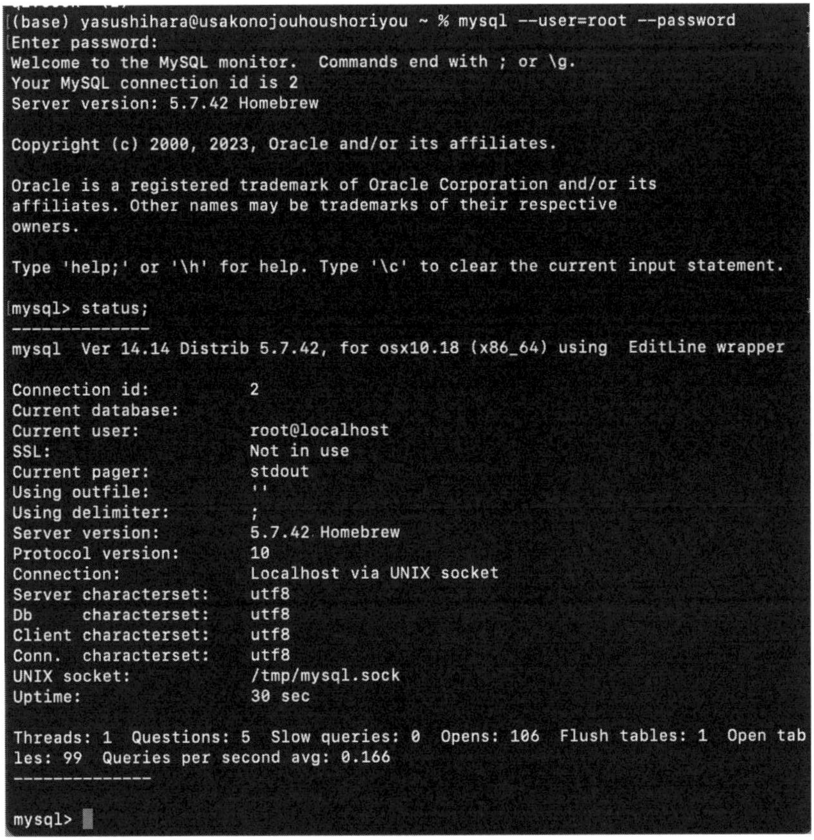

図 4.33 コマンドライン経由で MySQL サーバにログインする

4.4 MySQLWorkbench のインストールおよび初期設定 for Mac

MySQLWorkbench は、MySQL をグラフィカルユーザーインターフェース (GUI) 経由で操作するためのソフトウェアです。この節では、MySQL Workbench の Mac 環境へのインストール方法、初期設定の方法について解説したいと思います。

4.4.1 バイナリをダウンロードする

Google もしくは bing 検索で"MySQL Workbench" で検索するか、`https://dev.mysql.com/downloads/workbench/` にアクセスします。続いて、OS およびバージョンを選択します。以下の図のように、Apple Silicon 搭載か Intel CPU かどうかで、違うバイナリを選択する必要があります。

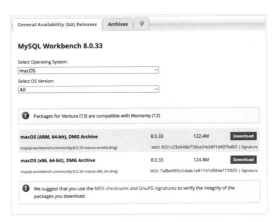

図 4.34 Mac の場合、ARM もしくは x86 を選択する必要がある。(Mac 上で、アップルマー
ク->"この Mac について"から確認すること)

　Download をクリックすると、Oracle Web account へのログインを求める画面へと
遷移しますが、下側の"No thanks, just start my download."をクリックします。

　バイナリがダウンロードされます。dmg ファイルをクリックすると、以下のような
画面が表示されます。Mac でのインストールによくあるように、左側から右側へとア
イコンをドラッグします。

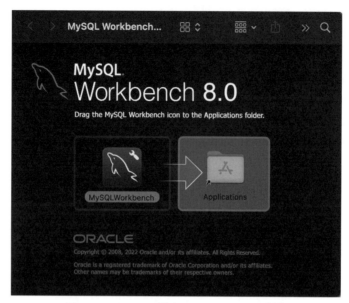

図 4.35　Mac の場合のインストール方法

4.4.2 MySQLWorkbench にアカウントを設定する

　まずは、Root アカウントでログインできるかを確かめます。MySQLWorkbench を起動した後、MySQL Connection という文字列のとなりにある +(プラス) ボタンをクリックします。

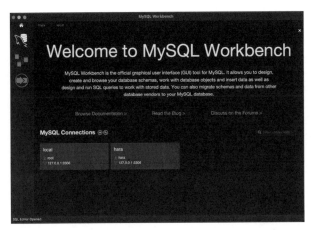

図 4.36 MySQLWorkbench にアカウントを設定する

"Setup New Connection" という画面が表示されます。ここでは、Connection Name
として接続する名称を決めます。識別しやすい名前を定めておきましょう。続いて、
Username として、root と指定します。

図 4.37　Setup New Connection

　続いて、Password を指定します。Password 欄のとなりの Store in Keychain ... を
クリックすると、以下の画面が表示されます。

図 4.38　パスワードを指定する

　ここに初期設定時に入力したパスワードを指定し、OK をクリックします。すると元

の画面に戻るので、Test Connection をクリックします。

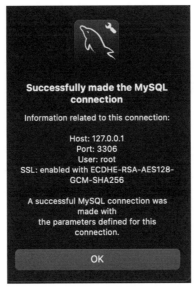

図 4.39 Test Connection の結果

ここで、Successfully made the MySQL connection という画面が表示されれば、無
事 MySQLWorkbench から MySQL サーバに接続出来ていることを示します。

先程の画面に戻り、再び OK を押してアカウントの作成を終えます。

 ユーザを作成する

先程までの作業で、root ユーザの設定が終わりました。こうしたソフトウェアでは定
石ではありますが、root ユーザのまま色々と作業を行うのは何かと心配なので、root

ユーザとは別に一般ユーザを作成することにしたいと思います。

　まずは、トップ画面の MySQL Connection に先程作成した root ユーザが追加されていることを確認し、その「箱」をクリックします。

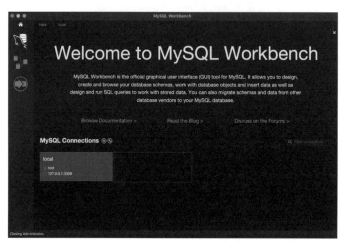

図 4.40　root ユーザで MySQL にログインする

　続いて、左端にある Administration というタブをクリックし、Management の中から Users and Privileges をクリックします。

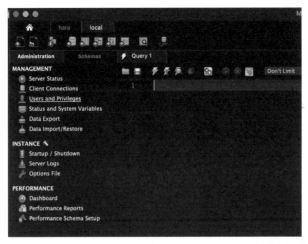

図 4.41　MySQLWorkbench 上で MySQL のユーザ管理を行う

続いて、Add Account をクリックします。

図 4.42　MySQLWorkbench 上で MySQL ユーザの追加を行う

ユーザの作成を行います。ここでは以下の項目を設定します。

- Login Name: MySQL サーバにログインする際のログイン名を指定します.
- Limits to Hosts Matching: どのようなホストからアクセスするかを指定します. 今回はローカル環境に MySQL サーバを立ち上げ、そこに MySQL Workbench からアクセスする形態を想定しているため、localhost を指定します。
- Password: パスワード名を指定します。ある程度複雑なもの、半角や全角文字、記号や数字が混ざったものを指定するようにしましょう。
- Confirm Password: 先程のパスワードを再度指定します。

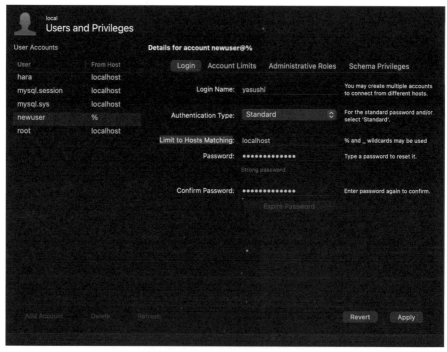

図 4.43 ユーザの設定を行う

続いて、Schema Privileges タブをクリックします。 ここでは、データベースに対して行える権限の設定を行います。Add Entry... をクリックします。

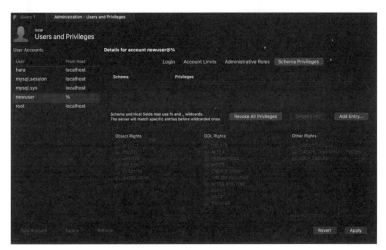

図 **4.44**　アクセス権限の設定を行う (1)

　New Schema Privilege Definition ウインドウが立ち上がります。特定のスキーマに対してアクセスを許可する場合には Selected schema: を選択します（スキーマの説明は後述します）。今回はローカル環境に設定しているので、All Schema(%) を選択します。続いて、OK をクリックします。

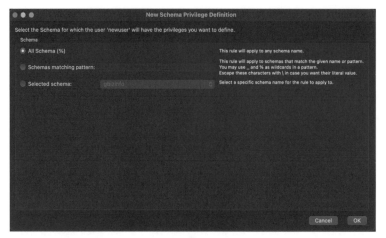

図 4.45　アクセス権限の設定を行う (2)

　当該スキーマに対して、このユーザが実行できる権限を割り当てます。今回はローカル環境に SQL サーバを設定しているため、ほぼすべての設定を許諾するように設定しています。そのため、データの選択・抽出 (SELECT) やデータベースの作成 (CREATE) のみならず、データ自体を削除したり (DELETE)、テーブルを削除する (DROP) 権限も与えています。もし複数のユーザがひとつのスキーマを利用したり、サーバ経由で複数のユーザがアクセスを行う場合には、適宜付与する権限を検討する必要があります[1]。

　最後に、Apply をクリックします。

---

[1] 詳細については、MySQL 5.7 Reference-Manual Privileges Provided by MySQL, https://dev.mysql.com/doc/refman/5.7/en/privileges-provided.html をご参照ください。

図 4.46　アクセス権限の設定を行う (3)

　これで、以下のようにデータベースに関する操作権限が付与されます。ユーザ yasushi
が追加されていることが確認できます。

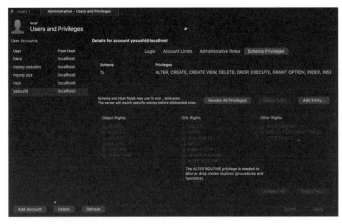

図4.47 アクセス権限の設定を行う (4)

この作成したユーザ yasushi から MySQL Workbench 経由で MySQL サーバにアクセス出来るようにしましょう。先程 Root ユーザを設定したときと同じように、MySQL Workbench のホーム画面下側にある MySQL Connection の右側にある +(プラス) ボタンをクリックします。

こちらも先程の Root ユーザ作成時と同じく、

- Connection Name: 接続先の名前を設定します。
- Hostname: 接続先のホスト名を指定します。ここでは 127.0.0.1(ローカル) を指定します。
- UserName: 設定したユーザ名を指定します。
- Password: Store in Keychain... をクリックし、ユーザ作成時に設定したパスワードを入力します。

などの設定を行い、Test Connection をクリックして接続できるか確認します。

図 4.48 アクセス権限の設定を行う (5)

OK をクリックします。

ローカルからデータを読み込めるようにする

さて、ここでひとつおまじないを付け加えたいと思います。ローカル環境から MySQL Workbench 経由で MySQL サーバにデータを読み込むための設定を行います。まず、MySQL の Home に戻り、MySQL Connection の隣の歯車ボタンを押します。

続いて、設定を変更するユーザを選択します。続いて、Connection タブから Advanced を選択します。Others: に、以下の情報を入力します。

```
1  OPT_LOCAL_INFILE=1
```

最後に、Close を押します。これにより、MySQL Workbench 経由で SQL にデータがインポート出来るようになります。

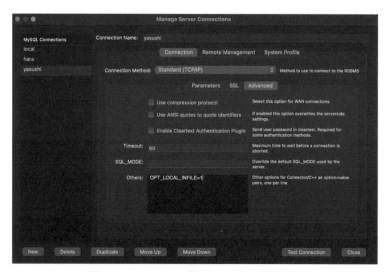

図 4.49　アクセス権限の設定を行う (6)

4.5 MySQL でデータを処理: 法人企業情報データの集計

さて、Excel で出来なかったことを MySQL で実現しましょう。ここでは、Excel の 100 万行の壁で処理が出来なかった、gBizInfo(`https://info.gbiz.go.jp/index.html`) のデータを取り込み、MySQL で処理を行いたいと思います。壁は越えるためにあるものです。

4.5.1 リレーショナルデータベースとは

まずは、今回利用する RDB(リレーショナルデータベース; Relational Database) について簡単に理解したいと思います。会社の人事データや、大学のサークル運営をしていると、最初はひとつの Excel ワークシートで済ませていた表が、気づけばとても複雑な、VLOOKUP 関数を張り巡らせた Excel に成り果てることが時々あるように思います。最初に設計していた表が、新しい要素やひとつの ID に対して複数の要素から成り立つような変数が増えると同時に、あるデータのかたまりを巨大なひとつのテーブルで管理することは現実的ではなくなっていきます。また、前述したように Excel には「100 万行の壁」があるため、それより巨大なデータを Excel で管理することもなかなか骨が折れる作業になります。そこで、広く利用されているのが MySQL や PostgreSQL に代表される RDB 型のデータベースです。私達が普段みる Web サイトの CMS(コンテンツマネジメントシステム) でも、背後にはこうしたデータベースが活用されています。なお、RDB とは別に、DataDog や Neo4j などのグラフ型データベースも広く活用されていますが、本書では説明を割愛します。RDB では、我々が見慣れている

Excel と同じく、行と列から構成されています。そして、列にはそれぞれにフィールド (Field) と呼ばれる変数が格納されています。また、行にはそれぞれ独立したデータが格納されており、これをレコード (Record) と呼称します。これらのデータを構成する単位をテーブル (Table) と呼びます。また、こうしたテーブルの集合体をデータベース (Database) と呼びます。そして、データベースソフトによって絶妙に定義が異なるのですが、MySQL の場合にはデータベースと同じ概念になるのがスキーマ (Schema) です。そして、これらは通常特定のフィールドでデータ同士を接合し合うことが出来ます。職員番号や学生番号、あるいは特許の出願番号など、一意 (Unique) であり特定の誰かや何かやオブジェクトを識別出来る番号を用いることで、複数のテーブルにデータを分け、必要に応じて組み合わせることが出来ます。こうした ID を用いることで、複数のテーブルからデータをつなぎ合わせて必要な情報を読取ることが出来ます。こうした ID のことを、主キー (Primary Key) と呼ぶこともあります。また、主キーである ID にはインデックスを多くの場合付与します。インデックスは、図書館の索引のように、どこにどのようなデータがあるのかを、より素早く探しやすくする仕組み。とまずは捉えて頂けるとよいのかなと思います。それでは、実際のデータ構造を確認することにしましょう。ここでは、今回利用する gBizInfo の法人情報データベースのスキーマを図 4.5.1 に示します。こうした図のことを、ER 図 (Entity Relationship Diagram) と呼びます。

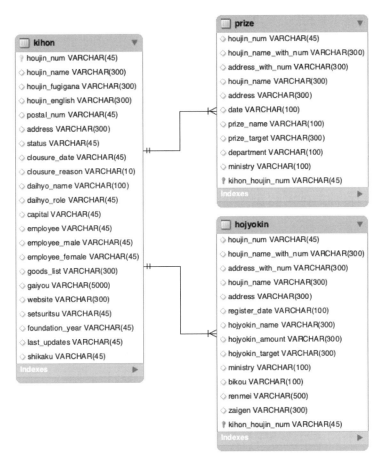

図 4.50 法人情報データベースの ER 図

　テーブルの中身については追って詳述しますが、ここでは、(1) テーブルが 3 つに分かれていること。すなわち、kihon と prize と hojyokin の三つのテーブルがある。(2) いずれのテーブルにも houjin_num というフィールドがあること。 (3) kihon の houjin_num は鍵 (KEY!) マークになっていること。(4) prize と hojyokin テーブルは緑色になっていること。などを確認して頂ければ幸いです。Excel であれば、法人番号

でVLOOKUP すればなんとかなりそうな気がしてきますよね。それでは、実際にこのデータベースを作成していきたいと思います。なお以後の記述は、Windows もしくはMac を用いてローカル環境に MySQL サーバと MySQLWorkbench および Python 環境が導入されていることを想定しています。

4.5.2 スキーマを作成する

　まずは、スキーマ (Schema) の作成を行います。ここでは、前述したように複数のテーブルを束ねる箱のように考えてみてください。あるいは、たくさんのテーブルが入っている Excel のワークシートとも言えるでしょうか。

　まずは、メニューから Create Schema をクリックします。

図 4.51　Schema を作成する

　続いて、Schema Name を設定します。ここでは、gbizinfo をスキーマ名として設定します、続いて、Apply をクリックします。

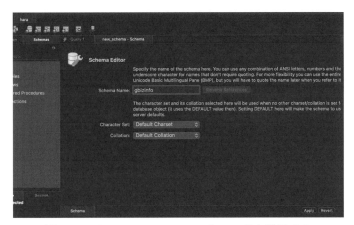

図 4.52 Schema Editor でスキーマ名を設定する

確認の画面が出るので、このまま Apply をクリックします。

図 4.53 Schema 作成の確認画面

これにより、スキーマが作成されます。

4.5.3 Table Data Import を使ってみる

　続いての作業としては、テーブルを作成してデータをインポートすることになります。こうした作業を手助けするツールとして、MySQL Workbench では Table Data Import Wizard という機能があります。試しに、こちらを使ってみましょう。

　さきほど作成した gbizinfo スキーマを右クリックして、メニューを開きます。続いて、Table Data Import Wizard を選択します。

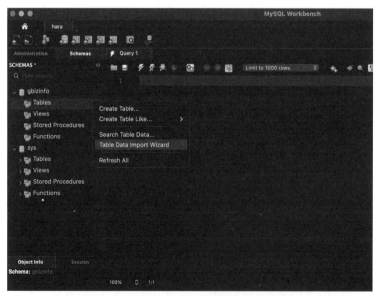

図 4.54　Table Data Import Wizard を用いる

続いて、インポートするファイルを選択します。ここでは、`https://info.gbiz.
go.jp/hojin/DownloadTop` に掲載されている基本情報の UTF-8 エンコーディン
グファイルをダウンロードします。1.2GB 程度あるので、ダウンロードが終わるまでし
ばらく待ちましょう。そして、Windows の場合にはエクスプローラー、Mac の場合に
は Finder を用いて Browse... からファイルを選択し、[Next >] をクリックします。

図 4.55　データを選択する

続いて、どのテーブルにデータを展開するかを選択します。ここでは、Create new
Table を選択し、テーブル名として kihon と記入します。続いて、Next > をクリック
します。

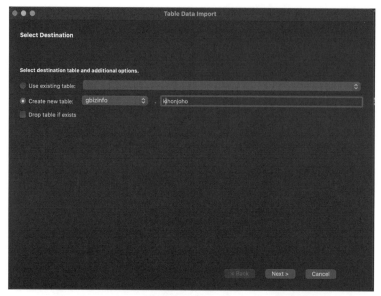

図 4.56 データを展開する先のテーブルを選択する

ところが、次ページのようなメッセージが出て進むことが出来ません。UTF-8 を選択しているはずが、どうやら MySQL Workbench にはこのデータセットを読み込むことが出来ないようです。

図 4.57 どうやら UTF-8 でもうまく行かない・・・

　もう少し粘ってみます。スパナボタンをクリックすると、改行コードやフィールドの識別子などを指定できます。これらを適宜変更してみます。しかし、やはり読み込むことが出来ない様子です。そこで、このウィザードを使うことは諦めたいと思います。Cancel をクリックします。

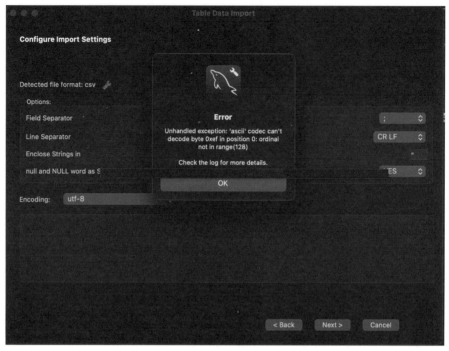

図 4.58 詳細設定を行うが、やはり開かない

$$\boxed{4.5.4}$$ 基本情報のテーブルを作成する

　ウィザードではどうやらデータがインポート出来ないようです。考えられる要因のひとつとしては、法人番号では 4 バイトの UTF-8(utf8mb4) を利用していますが、MySQL Workbench のウイザードが対応しているのは 3 バイトの UTF-8(utf8; utf8mb3) のみである可能性が考えられます[2]。そのため、以下の手順でデータの展開を行いたいと思い

---

[2] 詳細については、MySQL リファレンスマニュアルの https://dev.mysql.com/doc/refman/8.

ます。

1. スキーマ内にテーブルを作成する
2. 作成したテーブルにデータを導入する

　まずは、基本情報の仕様書を確認したいと思います。`https://info.gbiz.go.jp/common/data/resourceinfo.pdf` に記載されている情報を確認すると、基本情報には以下のような項目があることがわかります。

法人基本情報CSVファイル

通番	項目情報		データ型	項目値		編集方法	項目の説明
	項目名	参照元プロパティパス		コード	項目値名称		
1	法人番号	-	string	-	-	-	法人番号の指定を受けた者（以下「法人番号保有者」という。）の法人番号を示すデータ項目。※1
2	法人名	-	string	-	-	-	法人番号保有者の商号又は名称を示すデータ項目。※1
3	法人名ふりがな	-	string	-	-	-	法人番号保有者の商号又は名称を示すデータ項目。※1
4	法人名英語	-	string	-	-	-	法人番号保有者の商号又は名称を示すデータ項目。※1
5	郵便番号	-	string	-	-	-	国内所在地の文字情報を基に設定した郵便番号。※1
6	本社所在地	-	string	-	-	-	法人番号保有者の本店又は主たる事務所の所在地。※1
7	ステータス	-	string	-	-	-	法人番号保有者に清算の結了、合併による解散などの事由により登記記録の閉鎖等が発生した場合、値「閉鎖」を出力する。※1
8	登記記録の閉鎖等年月日	-	string	-	-	-	登記記録の閉鎖等の事由が生じた年月日を表す。※1
9	登記記録の閉鎖等の事由		string	-	-	-	閉鎖の事由は、登記記録の閉鎖等が生じた事由を表すデータ項目。※1
				01	清算の結了等	-	設立登記法人について、清算の結了等により登記記録が閉鎖された事を意味する。
				11	合併による解散等	-	設立登記法人について、合併による解散等により登記記録が閉鎖された事を意味する。
				21	登記官による閉鎖	-	設立登記法人について、商業登記規則第81条により登記記録の閉鎖された事を意味する。
				31	その他の清算の結了等	-	設立登記法人以外について、清算の結了等に類する事由が生じた場合に表示する。
10	法人代表者名	-	string	-	-	-	法人番号保有者の代表者氏名。※2
11	法人代表者役職	-	string	-	-	-	法人番号保有者の代表者役職。※2
12	資本金	-	string	-	-	-	法人番号保有者の資本金。※2
13	従業員数	-	string	-	-	-	法人番号保有者の従業員数。※3
14	企業規模詳細(男性)	-	string	-	-	-	法人番号保有者の従業員数の内、男性が占める人数。※3
15	企業規模詳細(女性)	-	string	-	-	-	法人番号保有者の従業員数の内、女性が占める人数。※3

図 4.59　法人基本情報の仕様書 (1)

`0/ja/charset-unicode-utf8mb3.html` および `https://dev.mysql.com/doc/refman/8.0/ja/charset-unicode-utf8mb4.html` をご参照ください。

法人番号や法人名、そのフリガナや英語名が記載されていることがわかります。また、郵便番号や所在地の情報があるので、これを使えばどういう場所に企業が集積しているかの分析が出来そうですね。また、登記記録が閉鎖となっているかどうかも確認出来るようです。すなわち、法人格を維持しているかどうかの確認が出来るので、どのような企業がいつ閉業したのか、少なくとも法人格を失ったかどうかの確認は取れそうです。データの型はいずれも String と記載されていますが、どのくらいのデータの長さなのかは残念ながらあまりよくわかりません。

法人基本情報CSVファイル

通番	項目情報		データ型	項目値		編集方法	項目の説明
	項目名	参照元プロパティパス		コード	項目値名称		
16	営業品目リスト	hj:業種コード	string	–	–	全角カンマ区切りで出力	該当資格者の営業品目。保有している営業品目コードをすべて全角カンマ区切りで出力する。営業品目コードはデジタル庁の全省庁統一資格から収録。コード値についてはデジタル庁 営業品目一覧を参照。※4
17	事業概要	–	string	–	–	–	法人番号所有者の事業概要。※3
18	企業ホームページ	–	string	–	–	–	法人番号所有者の企業ホームページ。※3
19	設立年月日	–	string	–	–	–	法人番号所有者の設立年月日。
20	創業年	–	string	–	–	–	法人番号所有者の創業年。※3
21	最終更新日	–	string	–	–	–	法務省等からデータを受け取り、国税庁でデータを更新した日付を表す。
22	資格等級		string	–	–	–	全省庁統一資格の資格等級。格納データは"X, X, X, X"となり、資格等級を保有している場合は(A〜D)、保有していない場合は空文字となる。(等級は半角であるが区切り文字は全角)それぞれ"物品の製造、物品の販売、役務の提供等、物品の買受け"の順に対応している。資格等級に関してはデジタル庁の全省庁統一資格を参照。※5

※1 国税庁発行データ
　提供元：https://www.houjin-bangou.nta.go.jp/webapi/
　参考：https://www.houjin-bangou.nta.go.jp/documents/k-resource-dl-ver3.pdf

※2 金融庁発行データ
　提供元：https://disclosure.edinet-fsa.go.jp/

※3 厚生労働省発行データ
　提供元：https://shokuba.mhlw.go.jp/

※4 デジタル庁 営業品目一覧
　提供元：https://www.chotatujoho.geps.go.jp/va/com/ShikakuTop.html
　参考：https://www.chotatujoho.geps.go.jp/va/com/eigyo_hinmoku.html

※5 デジタル庁 別記5 資格の種類別等級区分及び予定価格の範囲
　提供元：https://www.chotatujoho.geps.go.jp/va/com/ShikakuTop.html
　参考：https://www.chotatujoho.geps.go.jp/va/com/pdf/bekki.pdf

図 4.60 法人基本情報の仕様書 (2)

もうひとつの仕様書を確認すると、営業品目のリストや、設立年や創業年の情報があることがわかります。たとえばスタートアップが現在日本に何社いるのか、逆には、老

舗企業が日本全体で何社あって、それは地域としてどこに存在しているのかも確認でき
そうです。

　では、こうした情報に基づきテーブルの作成を行いましょう。右側のスキーマから
gbizinfo を選択し、右クリックで Create Table を選択します。

図 4.61　Create Table を選択する

　先程の仕様書に基づき、Column と DataType を順番に入力しておきます。先程の仕
様書とは異なり、日本語ではなく英語でフィールド名を指定しています。すなわち、以
下の表 4.1 のように (それっぽい) 英語名を付けて、そのデータ型を変数ごとに指定する
ことになります。

　ここで注意するポイントは、法人番号 (houjin_num) にて Primary Key (主キー) と
いうチェックボックスを有効にしていることです。法人番号は日本に存在するそれぞれ
の法人にユニーク (一意) に付与された番号なので、重複はしません。そのため、この

表 4.1　法人基本情報の変数名とデータ型

変数名	フィールド	データ型
法人番号	houjin_num	varchar(45)
法人名	houjin_name	varchar(300)
法人名ふりがな	houjin_fugigana	varchar(300)
法人名英語	houjin_english	varchar(300)
郵便番号	postal_num	varchar(45)
本社所在地	address	varchar(300)
ステータス	status	varchar(45)
登記記録の閉鎖等年月日	clousure_date	varchar(45)
登記記録の閉鎖等の事由	clousure_reason	varchar(10)
法人代表者名	daihyo_name	varchar(100)
法人代表者役職	daihyo_role	varchar(45)
資本金	capital	varchar(45)
従業員数	employee	varchar(45)
企業規模詳細(男性)	employee_male	varchar(45)
企業規模詳細(女性)	employee_female	varchar(45)
営業品目リスト	goods_list	varchar(300)
事業概要	gaiyou	varchar(5000)
企業ホームページ	website	varchar(300)
設立年月日	setsuritsu	varchar(45)
創業年	foundation_year	varchar(45)
最終更新日	last_updates	varchar(45)
資格等級	shikaku	varchar(45)

テーブルやデータベース上で、あるユニークな法人番号に基づき、データを特定することが可能になります。また、同様に Non NULL というチェックボックスも有効にしています。これは、法人番号 (houjin_num) フィールドでは空のデータは一行も存在しないことを示します。この例では、企業名はあるけれど、法人番号はない企業のリストは、この gBizInfo のリストには含まれていないことになります。そのため、企業を一意に識別して分析を行うことが可能になります。

　すべてを入力したら、Apply をクリックします。

図 4.62　kihon テーブルを作成する

　作成するクエリ (SQL に対する問い合わせ内容) の確認画面が表示されます。このまま Apply をクリックします。

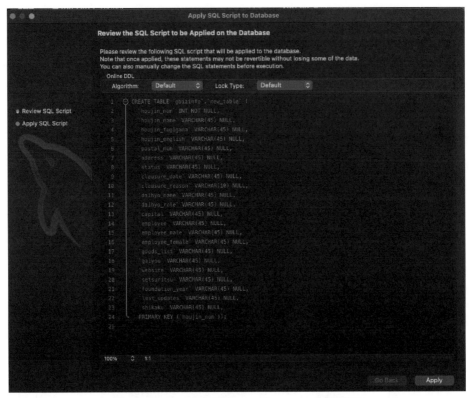

図 4.63 テーブル作成ウィザードでの確認画面

もしくは、以下のようなクエリを実行してもテーブルの作成は可能です。

```
CREATE TABLE `kihon` (
  `houjin_num` varchar(45) NOT NULL,
  `houjin_name` varchar(300) DEFAULT NULL,
  `houjin_fugigana` varchar(300) DEFAULT NULL,
  `houjin_english` varchar(300) DEFAULT NULL,
  `postal_num` varchar(45) DEFAULT NULL,
```

```
 7    `address` varchar(300) DEFAULT NULL,
 8    `status` varchar(45) DEFAULT NULL,
 9    `clousure_date` varchar(45) DEFAULT NULL,
10    `clousure_reason` varchar(10) DEFAULT NULL,
11    `daihyo_name` varchar(100) DEFAULT NULL,
12    `daihyo_role` varchar(45) DEFAULT NULL,
13    `capital` varchar(45) DEFAULT NULL,
14    `employee` varchar(45) DEFAULT NULL,
15    `employee_male` varchar(45) DEFAULT NULL,
16    `employee_female` varchar(45) DEFAULT NULL,
17    `goods_list` varchar(300) DEFAULT NULL,
18    `gaiyou` varchar(5000) DEFAULT NULL,
19    `website` varchar(300) DEFAULT NULL,
20    `setsuritsu` varchar(45) DEFAULT NULL,
21    `foundation_year` varchar(45) DEFAULT NULL,
22    `last_updates` varchar(45) DEFAULT NULL,
23    `shikaku` varchar(45) DEFAULT NULL,
24    PRIMARY KEY (`houjin_num`)
25 ) ENGINE=InnoDB DEFAULT CHARSET=utf8mb4
```

続いて、この作成したテーブルにデータを導入します。Mac の場合、以下のようなク
エリを作成します。

```
1 load data local infile '/Users/yasushihara/Downloads/Kihonj
  ↪  oho_UTF-8_20230425.csv'
2 into table gbizinfo.prize
```

```
3  fields
4      terminated by ','
5      enclosed by '"'
6  lines
7      terminated by '\r\n'
8      IGNORE 1 ROWS
9      ;
```

ここでは、以下のような作業を行っています。

- 1行目: local のファイルからデータを読み込む (load) ことを宣言します。そして、そのデータへのパスを指定しています。ここでは、Mac を利用しているユーザ yasushihara さんの Downloads フォルダにある Kihonjoho_UTF-8_20230425.csv ファイルを読み込みます。（Windows の場合、C:¥¥Users¥¥yasushihara¥¥Downloads¥¥... などの記法で指定することになります。）
- 2行目: 読み込んだデータを gbizinfo.kihon テーブルに読み込みます。
- 3行目-6行目: フィールドをどのように区分けしているかを指定しています。ここでは、カンマ (,) でデータが区切られているので、terminated by ',' と記載しています。また、文字データについてはダブルクオーテーション (") で区切られているため、 enclosed by '"' と記載しています。
- 7-9行目: 改行をどのように区分するかを指定します。データ提供元の https://info.gbiz.go.jp/common/data/resourceinfo.pdf を見る限り、改行コードはCRLFであると明記されています。そのため、terminated by '\r \n' と記載します。また、一行目にはデータセットの変数名が書かれているため、IGNORE 1 ROWS と記載してデータの読み込みをスキップします。

これで実行します。数十秒から数分かけてデータのインポートが無事に終わると、下部の Action Output に、

```
1  5304564 row(s) affected Records: 5304564  Deleted: 0
↪    Skipped: 0  Warnings: 0
```

などのメッセージが表示されます。どうやら、無事にデータがインポートできた様子です。そして、どうやら日本には法人番号を有する組織が累計530万4,564社あることがわかったのでした。たしかにこれでは Excel では開かないですね。

さて、今回作成したテーブル kihon では、文字データ型の varchar のみを用いました。MySQL ではこの他に、1. 数値データ型（smallinit, int, float など）、2. 文字データ型（char, varchar など）、3. 日付データ型（date, time など）、4. ビット-バイナリデータ型、5. 論理値データ型（boolean）などのデータ型を用いることが出来ます。また、数値データ型には、a. 整数型、b. 固定小数点型、c. 浮動小数点型に大別できます。利用するデータの種類によっては、これらのデータ型を適切に選択することで、効率的にデータベースを利用することができます。

まずは、データの中身について確認したいと思います。以下のようなクエリを作成します。

```
1  SELECT * FROM gbizinfo.kihon
2  LIMIT 5000;
```

ここでは、kihon テーブルから全部で5,000件データを表示させることにしましょう。そして、フィールドは特に限定せずにすべて表示させることにします。（これには、SELECT の後にアスタリスク (*) を指定します。）

結果は以下のようになります。

図 4.64 kihon テーブルの中身を確認する

⊕ 4.5.5 Where文を用いてデータを選択する

　法人名 (houjin_name) から、共済組合というタームが含まれるリストを抽出したいと思います。ここでは、以下のようなクエリを実行します。

```
1  SELECT * FROM gbizinfo.kihon
2  where houjin_name like "%共済組合%";
```

　実行すると、以下のようなリストが表示されます。

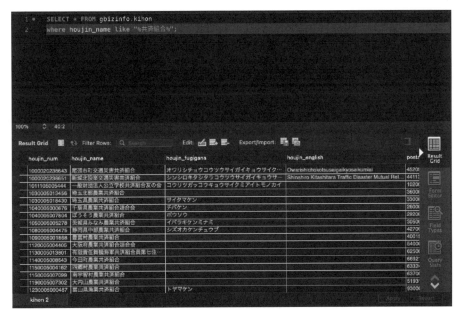

図 4.65 共済組合の一覧を出力する

続いて、大学のリストを抽出したいと思います。ここでは、以下のようなクエリを実行します。

```
SELECT * FROM gbizinfo.kihon
where houjin_name like "%大学";
```

以下のように、大学の一覧が抽出されます。福島グー・チョキ・パー大学すごく気になりますね・・・

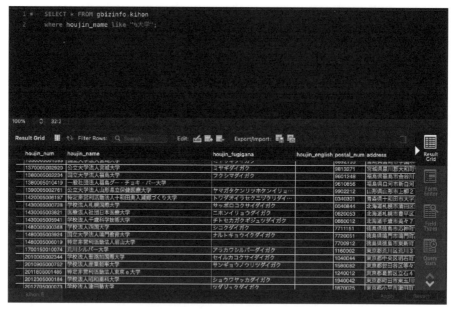

図 4.66　大学の一覧を出力する

4.5.6　表彰 (prize) テーブルを作成する

　続いて、gBizInfo から企業の表彰情報のテーブルを MySQL 上に展開して、データの処理を行ってみたいと思います。先程と同じく、`https://info.gbiz.go.jp/hojin/DownloadTop` から UTF-8 エンコーディングの Raw データをダウンロードします。先程とは異なり、がんばれば Excel でも閲覧できそうなサイズですが、このまま MySQL 上で利用したいと思います。

　まず、右側のスキーマから gbizinfo を選択し、右クリックで Create Table を選択します。

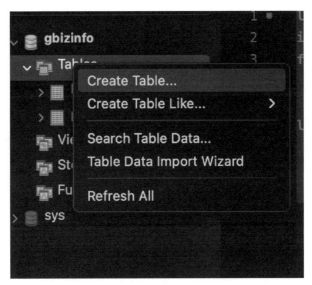

図 4.67 Create Table を選択する

仕様書(`https://info.gbiz.go.jp/common/data/resourceinfo.pdf`)に書かれた項目や、実際の CSV ファイルを確認しつつフィールドの設定を行います。具体的には、Column にはフィールド名を、DataType にはデータの型を指定します。ここでは、いずれにも VARCHAR を用いていますが、データの長さによって箱の大きさを換えています。

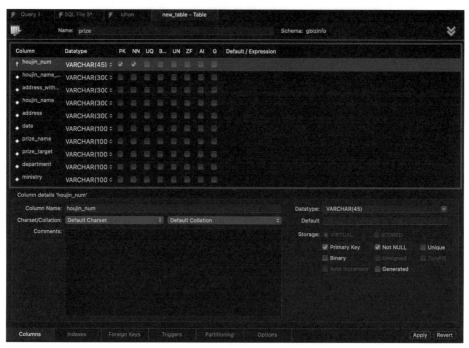

図 4.68 prize テーブルを作成する

実行するスクリプトの確認を行います。問題がなければ Finish をクリックします。

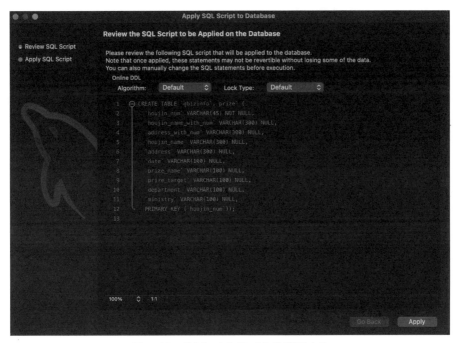

図 4.69 SQL スクリプトを確認する

これで、Prize テーブルが作成されます。

ウィザードを使わない場合には、以下のクエリを実行します。Charset(文字コード)にutf8mb4 を指定していることに注意してください。

```
CREATE TABLE `prize` (
  `houjin_num` varchar(45) NOT NULL,
  `houjin_name_with_num` varchar(300) DEFAULT NULL,
  `address_with_num` varchar(300) DEFAULT NULL,
  `houjin_name` varchar(300) DEFAULT NULL,
  `address` varchar(300) DEFAULT NULL,
```

```
 7   `date` varchar(100) DEFAULT NULL,

 8   `prize_name` varchar(100) DEFAULT NULL,

 9   `prize_target` varchar(300) DEFAULT NULL,

10   `department` varchar(100) DEFAULT NULL,

11   `ministry` varchar(100) DEFAULT NULL

12 ) ENGINE=InnoDB DEFAULT CHARSET=utf8mb4
```

続いて、この作成したテーブルにデータのインポートを行いましょう。

4.5.7 テーブルに表彰データをインポートする

　続いて、作成したprizeテーブルにデータをインポートします。Mac OSの場合、以下のようなクエリになります。（前述のとおり、Windowsの場合にはファイルへのパスの記法が異なります。）

```
 1 load data local infile '/Users/yasushihara/Downloads/Hyosho
   ↪  joho_UTF-8_20230425.csv'
 2 into table gbizinfo.prize
 3 fields
 4     terminated by ','
 5     enclosed by '"'
 6 lines
 7     terminated by '\r\n'
 8     IGNORE 1 ROWS
```

```
9        ;
```

ここでは、先程の kihon テーブルと同じく、以下のような作業を行っています。

- 1行目: local のファイルからデータを読み込む (load) ことを宣言します。そして、そのデータへのパスを指定しています。ここでは、Mac を利用しているユーザ ya-sushihara さんの Downloads フォルダにある Hyoshojoho_UTF-8_20230425.csv ファイルを読み込みます。
- 2行目: 読み込んだデータを gbizinfo.prize テーブルに読み込みます。
- 3行目-6行目: フィールドをどのように区分けしているかを指定しています。ここでは、カンマ (,) でデータが区切られているので、terminated by ',' と記載しています。また、文字データについてはダブルクオーテーション (") で区切られているため、 enclosed by '"' と記載しています。
- 7-9行目: 改行をどのように区分するかを指定します。データ提供元の https://info.gbiz.go.jp/common/data/resourceinfo.pdf を見る限り、改行コードとして CRLF であると明記されています。そのため、terminated by '\r\n' と記載します。また、一行目にはデータセットの変数名が書かれているため、IGNORE 1 ROWS と記載してデータの読み込みをスキップします。

これで実行します。数十秒から数分かけてデータのインポートが無事に終わると、下部の Action Output に、

```
1  64053 row(s) affected Records: 64053  Deleted: 0  Skipped:
↪   0  Warnings: 0
```

などのメッセージが表示されます。どうやら、無事にデータがインポートできた様子です。

そこで、中身を確認してみたいと思います。以下のクエリを実行します。

```
1 SELECT * from gbizinfo.prize;
```

すると、次のようにデータが出力されます。

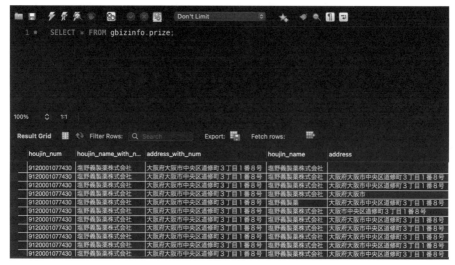

図4.70 表彰情報のデータを出力する

(4.5.8) 表彰情報と基本情報を Inner Join で接合して分析する

ここでは、先程取得した表彰情報を用いて、複数のテーブルを組み合わせ情報を取得しましょう。一例として、大学が取得した表彰情報について、まとめて情報を取得してみたいと思います。ここでは、以下のようなクエリを作成し、実行します。

```
1  SELECT * FROM gbizinfo.kihon
2   inner join prize
3      on kihon.houjin_num = prize.houjin_num
4  where kihon.houjin_name like "%大学";
```

　まずは、すべてのフィールド情報を取得してみることにします。続いて、Prize テーブルを INNER JOIN (内部結合) させます。このとき、kihon テーブルの houjin_num と prize テーブルの houjin_num が同一の項目ごとに接合することにします。最後に、Where を用いて、houjin_name の末尾が大学の情報のものを取得することにします。

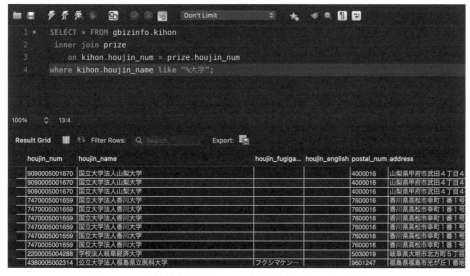

図 4.71　表彰情報に関して、大学関連のものを取得する

　同様のクエリを、今度はトヨタ自動車の関連企業に対して実行することにしましょ

う。先程とは異なり、Where を用いて、houjin_name の先頭がトヨタのものをまとめて取得することにします。

```
1  SELECT * FROM gbizinfo.kihon
2    inner join prize
3      on kihon.houjin_num = prize.houjin_num
4  where kihon.houjin_name like "トヨタ%";
```

結果は以下のようになります。

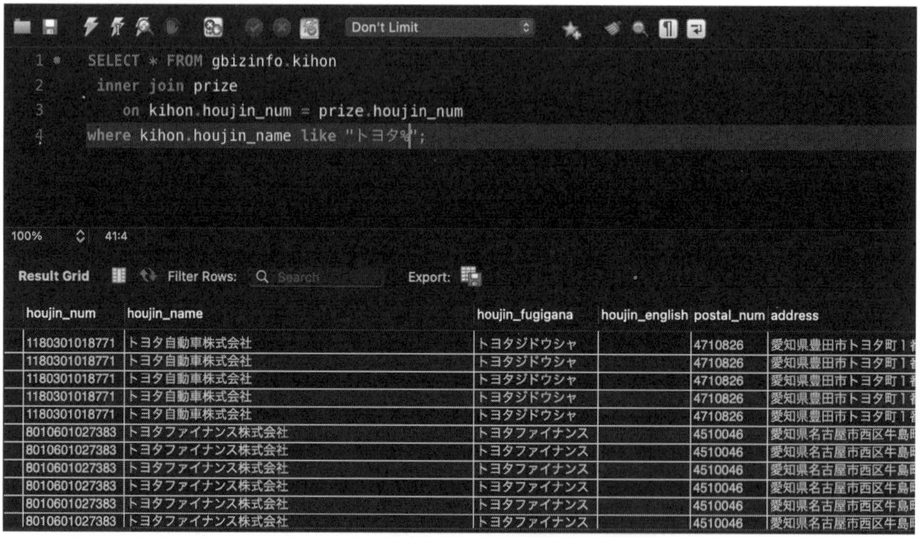

図 4.72 トヨタ関連の表彰情報を取得する

さらに、大学とその都道府県ごとに、監督官庁ごとの表彰数を取得することにします。以下のようなクエリを作成します。

```
1  SELECT kihon.houjin_name, left(kihon.address, 3) as 都道府県
↳      ,ministry, count(kihon.houjin_num)  as 表彰数
2   FROM gbizinfo.kihon
3   inner join prize
4      on kihon.houjin_num = prize.houjin_num
5  where kihon.houjin_name like "%大学"
6  group by ministry, houjin_name, 都道府県
7  order by houjin_name, 表彰数 desc;
```

かなり長くなりましたが、ここでは一行ごとに説明することにしましょう。

- 1行目: SELECT を用い、以下の要素を取り出します。1. 法人名(kihon.houjin_name)なお、kihon テーブルにも prize テーブルにも houjin_name が存在するため、ここでは明示的に kihon テーブルから参照する。 2. LFET 関数で住所の三文字目までを取り出し、それに「都道府県」というエイリアス名を定める。 3. prize テーブルにある ministry データを取得する。 4.kihon テーブルの houjin_num をカウント関数を用いて個数を数え、それに「表彰数」というエイリアス名を定める
- 2行目: FROM を用い、gbizinfo から kihon テーブルを用いる
- 3行目: prize テーブルを inner join させる
- 4行目: このとき、kihon テーブルの houjin_num と prize テーブルの houjin_num で接合させる
- 5行目: Where を用い、 kihon テーブルの houjin_name の末尾が大学である法人名を抽出する
- 6行目: Group by を用い、ministry, houjin_name, 都道府県で集計する
- 7行目: order by を用い、houjin_name および表彰数で並べ直す

このように、複数のテーブルを参照した場合には、具体的にどのテーブルの変数を参照するかを明示的に指示する必要があります。結果は以下のようになります。

```sql
SELECT kihon.houjin_name, left(kihon.address, 3) as 都道府県 ,ministry,
   count(kihon.houjin_num)  as 表彰数
   FROM gbizinfo.kihon
   inner join prize
   on kihon.houjin_num = prize.houjin_num
where kihon.houjin_name like "%大学"
group by ministry, houjin_name, 都道府県
order by houjin_name, 表彰数 desc;
```

houjin_name	都道府県	ministry	表彰数
公立大学法人下関市立大学	山口県	厚生労働省	1
公立大学法人名古屋市立大学	愛知県	厚生労働省	1
公立大学法人名古屋市立大学	愛知県	文部科学省	1
公立大学法人大阪市立大学	大阪府	環境省	1
公立大学法人大阪市立大学	大阪府	厚生労働省	1
公立大学法人宮城大学	宮城県	厚生労働省	1
公立大学法人尾道市立大学	広島県	厚生労働省	1
公立大学法人横浜市立大学	神奈川	厚生労働省	2
公立大学法人滋賀県立大学	滋賀県	文部科学省	1
公立大学法人福島県立医科大学	福島県	厚生労働省	1
公立大学法人秋田県立大学	秋田県	気象庁	1
公立大学法人長岡造形大学	新潟県	厚生労働省	1
国立大学法人お茶の水女子大学	東京都	厚生労働省	1
国立大学法人三重大学	三重県	厚生労働省	3

図 4.73　大学の監督官庁ごとの表彰数をカウントする

なお、Inner Join (内部結合) とは別に、Left Join(外部結合) や Right Join(外部結合) を利用することが出来ます。Left Join の場合、クエリ文で FROM に続いて明記した (「左側の」) テーブルのすべての行が表示させることになります。今回の場合には、kihon テーブルのうち prize テーブルと接合出来なかったものもすべて表示されることになります。また Right Join の場合には、クエリ文で Right Join に続いて明記した (「右側の」) テーブルのすべての行が表示されることになります。

４.５.９ 都道府県ごとの企業数をカウントする

都道府県ごとにどのくらいの企業が存在するのか、カウントしましょう。ここでは、以下のようなクエリを作成し、実行します。

```
1  SELECT left(address, 3) as 都道府県, count(houjin_num) as
   →  企業数 FROM gbizinfo.kihon
2  group by 都道府県
3  order by 企業数 desc
```

address の最初の 3 文字を LEFT 関数を用いて取り出し、「都道府県」という名前を付けています。続いて、COUNT 関数を用いて houjin_num の個数を計算します。これらについて GROUP BY 関数を用いて、都道府県でグループ化します。最後に、ORDER BY 関数を用いて企業数に基づき降順に並べ直します。

結果は以下の通りです。東京都だけで 100 万社を超えているので、やはり Excel では処理できないことになりますね！！！

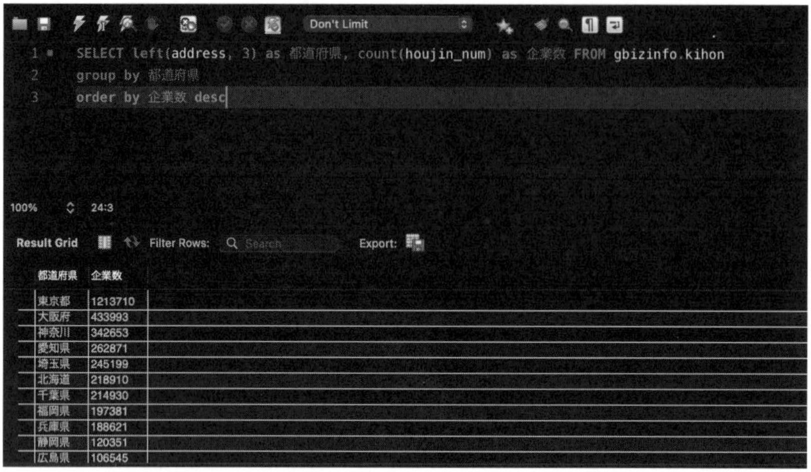

図4.74 都道府県ごとの企業数をカウントする

(4.5.10) 閉鎖した企業数を都道府県ごとにカウントする

都道府県ごとに、閉鎖した企業数を集計してみたいと思います。ここでは、以下のようなクエリを作成し、実行します。

```
1  SELECT left(address, 3) as 都道府県, count(houjin_num) as
   ↪  企業数 FROM gbizinfo.kihon
2  where kihon.status = "閉鎖"
3  group by 都道府県
4  order by 企業数 desc
```

addressの最初の3文字をLEFT関数を用いて取り出し、「都道府県」という名前

を付けています。続いて、COUNT 関数を用いて houjin_num の個数を計算します。WHERE 分を用いて、kihon データベースの中の status が、"閉鎖"になっているものを抽出することにします (先程の例とは、ここが違うだけですね！)。そして、これらについて GROUP BY 関数を用いて、都道府県でグループ化します。最後に、ORDER BY 関数を用いて企業数に基づき降順に並べ直します。

　結果は以下の通りです。やはり東京都が一番多いことになりますね。

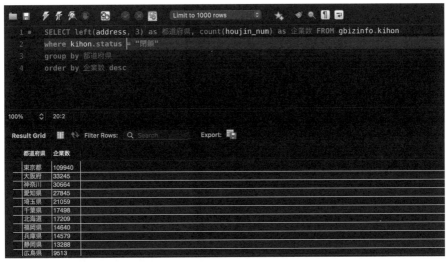

図 4.75 閉鎖した企業数を都道府県ごとにカウントする

4.5.11 閉鎖した企業数を年ごとにカウントする

　続いて、閉鎖した企業、ここでは法人登記を止めた企業数を年ごとにまとめることにしましょう。以下のようなクエリを作成し、実行します。

```
1  SELECT left(clousure_date, 4) AS 閉鎖年, count(houjin_num)
   →   as 企業数
2  FROM gbizinfo.kihon
3  group by 閉鎖年
4  order by 閉鎖年 DESC
```

clousure_date から最初の4文字を取り出し、これに「閉鎖年」というエイリアス名を付与しています。また、houjin_num を COUNT 関数を用いて足し合わせることで、企業数を計上しています。これらを、GROUP BY 関数を用いて閉鎖年ごとにまとめています。最後に、閉鎖年ごとに ORDER BY 関数を用いて並べています。

図 4.76　閉鎖した企業数を年ごとにまとめる

やっぱり、企業を続けていくことは何かと大変な気がしてきますね。

(4.5.12) 都道府県ごとに閉鎖した企業数をカウントする

　都道府県ごとに企業はどのくらい閉鎖(閉業)しているのかを求めてみたいと思います。以下のようなクエリを作成し、実行します。

```
1  SELECT left(address, 3) as 都道府県, left(clousure_date, 4)
   ↪   AS 閉鎖年, count(houjin_num) as 企業数
2  FROM gbizinfo.kihon
3  group by 都道府県, 閉鎖年
4  order by 都道府県, 閉鎖年 DESC
```

　やはり使っているのは SELECT と FROM と GROUP と ORDER のみです。まず、gbizinfo.kihon テーブルからデータを取り出しています。続いて、SELECT にて、address の最初の三文字を取り出し、これに「都道府県」というエイリアス名を付与しています。続いて、clousure_date の最初の4文字を取り出し、これに「閉鎖年」というエイリアス名を付与しています。また、houjin_num を COUNT 関数を用いて足し合わせることで、企業数を計上しています。続いて、GROUP BY 関数を用いて都道府県名と閉鎖年ごとにグループ化しています。最後に、ORDER BY 関数を用いて都道府県名と閉鎖年の降順に並べています。

　結果は以下の通りです。各都道府県ごとに、年ごとの閉業した企業数が抽出されています。閉業年が空の企業は、現在も存在する企業ということになりますね。

図4.77 都道府県単位ごとの企業の閉鎖数を年次で求める

(4.5.13) 企業の設立年ごとにデータを抽出する

続いて、企業の設立年ごとにデータを取り出してみましょう。以下のようなクエリを作成し、実行します。

```
SELECT left(setsuritsu, 4) as 設立年, count(houjin_num) FROM
→  gbizinfo.kihon
group by 設立年;
```

設立年月日からLEFT関数を使って年のみを取り出し「設立年」と変数名をつけます。もうひとつ、法人番号をCOUNT関数を用いて数え上げます。これらについて、GROUP BYを用いて設立年ごとに計上しています。最も古い設立年の企業は1880年

であることがわかります。

図 4.78　設立年を取り出すクエリを実行する

 企業の創業年ごとに集計する

　続いて、企業の創業年ごとにデータを取り出してみましょう。以下のようなクエリを作成し、実行します。

```
SELECT foundation_year as 創業年, count(houjin_num)
FROM gbizinfo.kihon
group by 創業年
order by 創業年 desc
```

foundation_year を選択し、エイリアス名として創業年と名付けます。続いて、法人番号を COUNT 関数を用いて数え上げます。これらについて、GROUP BY を用いて創業年ごとに集計しています。最も古い創業年の企業は 972 年であることがわかります。そして、なぜか 2036 年創業の企業が紛れ込んでいることもわかります。電子レンジを使ったのでしょうか…

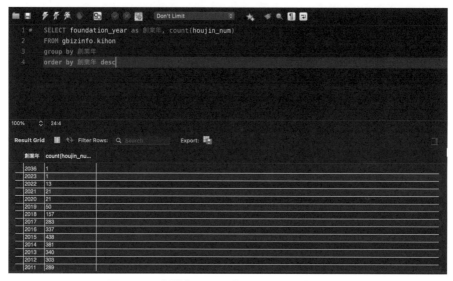

図4.79 創業年を取り出すクエリを実行する

4.6 Stata に SQL で集計したデータを取り込む

　SQL が得意なのはデータを保持したり、管理したり、集約したりすることです。かくして、グラフや統計的な分析を行うためには、いつもどおり Excel や Python や Stata にデータを取り込む必要があります。こうした統計ツールや統計ソフトへのデータの取り込みには、(1) MySQL Workbench もしくは Terminal から CSV ファイルを書き出して、それをこれらのツールに取り込む、(2) Python などから、SQL を呼び込み直接データを読み込む、(3) ODBC 経由で SQL 上に展開したデータを読み込む等の方法が考えられます。本書では、(1) および (2) の方法を解説したいと思います。(3) については利用するツールや OS, CPU チップの種類により作業方法が異なるので、ここでは割愛したいと思います[3]。

　まず、データを取り出します。ここでは、先程作成した、「閉鎖した企業数を年ごとに、都道府県ごとに別掲してカウントするクエリ」を実行しています。続いて、下の画面の中程にある Export の隣のフロッピーディスク (実物を観たことのある方はおそらく少数派になりつつあると思うのですが・・・) をクリックします。

---

[3] ODBC を活用した SQL のデータインポートの一例については、、https://gist.github.com/JonathanWillitts/7b5a519bd40dd730b98ce1ad75e859e8 をご覧ください。

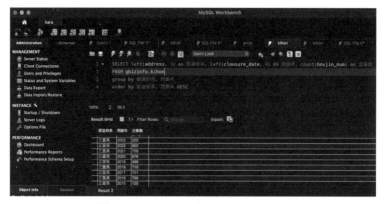

図 4.80 Export をクリックします

Export Resultset というウィンドウが表示されます。ここで、Save As: に保存する名前を指定します。ファイルの保存先は、Where: に指定します。また、ここではFormat: として CSV を指定します。

図 4.81 保存時のフォーマットを指定する

続いて、Stata を開きます。ここでは Stata バージョン 18.0 を利用しています。メニューの[ファイル]から[インポート]を選択し、続いて[テキストデータ(デリミタ、csv等]を選択します。

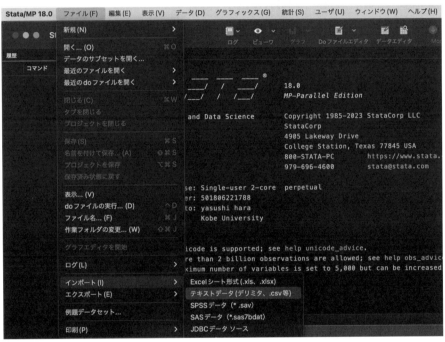

図 4.82　Stata のメイン画面からインポートを選択する

"import delimited - デリミタテキストデータをインポートする" というウインドウが開きます。ここでは、"インポートするファイル:" にて先程 MySQL Workbench からダウンロードした CSV ファイルを選択します。[都道府県] 行は自動的に文字列が、[閉鎖年] と [企業数] は自動的に数値が選択されていることが確認できます。

最後に [OK] をクリックします。

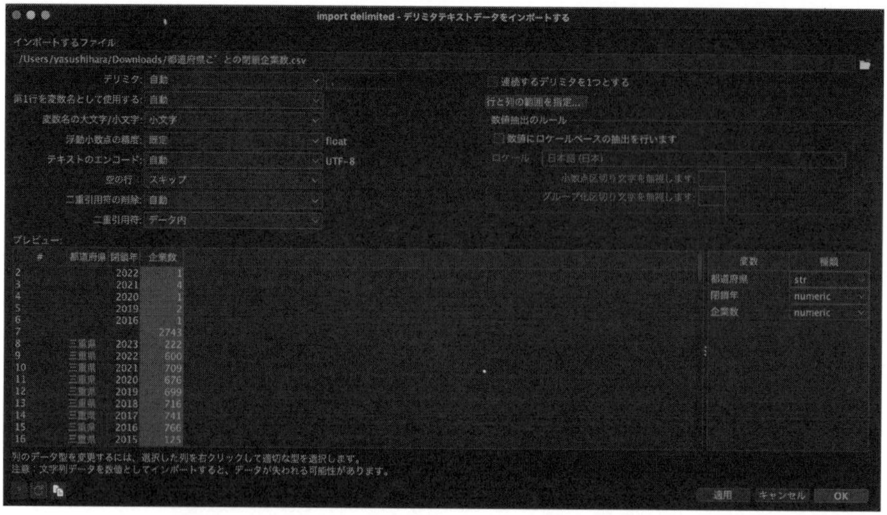

図 4.83 Stata 18 のデータインポートウインドウ

Stata 上にデータがインポートされたことが確認できます。コマンドライン上では、

```
. import delimited "/Users/yasushihara/Downloads/都道府県ごとの
    閉鎖企業数.csv"
```

でもインポートが可能ですが、細かく設定が確認できる GUI の使用を最初はオスス
メします。データエディタを用いて中身を確認すると、以下のようにデータが文字化け
することなくインポートされていることが確認できます。

図 **4.84** Stata 上にデータをインポートした結果

Excel に SQL で集計したデータをインポートする

続いて、Excel に SQL から取り出したデータをインポートしましょう。データのインポート方法は第二章でもいくつか紹介しましたが、ここでは Power Query を用いることにします。Excel のメニューより [データ] を選び、続いて、左端の [データ ファイル指定 (Power Query)] を選択します。

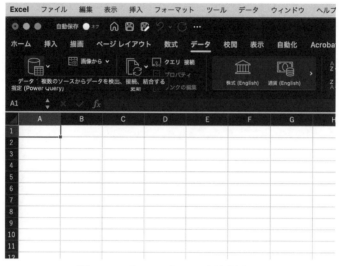

図 4.85　Power Query を実行する

"データ ソースの選択"と題されたウインドウが表示されます。ここでは、"テキスト/CSV"を選択します。

図 4.86　データの取得 (Power Query) ウインドウ: 1

"データ ソースへの接続"という画面に遷移します。ここで、参照... をクリックし、先程 MySQL Workbench から取得したファイルを選択します。続いて、[次へ] をクリックします。

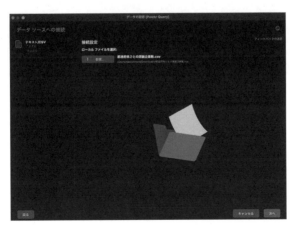

図 4.87　データの取得 (Power Query) ウインドウ: 2

"ファイル データのプレビュー"という画面が表示されます。元のファイル: では、文字コードを選択することが出来ます。ここで、UTF-8 が選択されていることを確認します。また、区切り記号としてコンマが選択されていることも確認します。これらを確認し、ページ下部分のプレビュー画面でデータが正しく読み込まれていることを確認します。最後に、[読み込む] をクリックします。

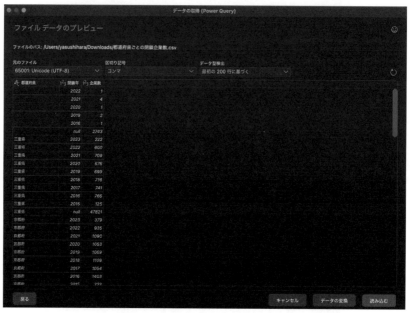

図 4.88 データの取得 (Power Query) ウインドウ: 3

Power Query エディターが開きます。ここで、読み込むデータを選択します。都道府県が (なぜか) 空白なエントリが存在するので、ここでは除外した状態でデータを Excel ワークシート上に展開することにします。通常の Excel のフィルタと同じく、(空白) を除外することでフィルタリングを行います。最後に、左上の [閉じて読み込む] を選択し

ます。

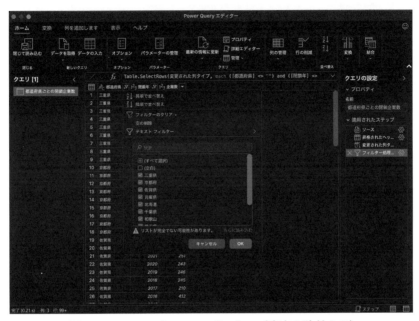

図 4.89 Power Query エディター（空白を除外する）

いつもの Excel の画面に遷移します。Excel 上に、SQL から取り出したデータが展開されていることが確認出来ます。

図 4.90 Excel にデータを展開した結果

4.8 Python に SQL のデータを読み込む

先程のふたつの例は、MySQL からデータを一旦 CSV ファイルとして取り出し、それを Excel や Stata に取り込む方法でした。ここでは、Python から直接 SQL を呼び出しデータの処理を行うことにしましょう。先程行ったように、MySQL Workbench で一旦 CSV ファイル出力し、CSV ファイルを Pandas DataFrame として取り込むよりも、ちょっとだけ楽ができるかもしれません（慣れさえすれば）。

まず、MySQL と接続するために Jupyter Notebook/Labs 上で新しい Notebook を作成します続いて、先頭にエクスクラメーションマーク (!) をつけたうえで、pip install pymysql（もしくは pip3 install pymysql）と入力します。

```
1  !pip install pymysql
```

実行すると、以下のようなメッセージが表示されます。無事にインストールが行われた場合、Successfully installed... と表示されます。

```
1  Collecting pymysql
2    Downloading PyMySQL-1.0.3-py3-none-any.whl (43 kB)
3    |████████████████████████████████████|
         ↳   43 kB 1.3 MB/s eta 0:00:011
4  Installing collected packages: pymysql
5  Successfully installed pymysql-1.0.3
```

続いて、先程導入した pymysql を用いて SQL への接続を行いましょう。いつもの Python のように、いくつか利用するモジュールのインポートを行った後、MySQL に

接続するための変数の設定をしています。

- host: 接続先の MySQL サーバを設定します。ここでは localhost です。
- port: 接続先の MySQL サーバのポート番号を設定します。ここでは 3306 になります。
- user: 接続する MySQL サーバに設定したユーザ名を設定します。ここでは、先程作成した yasushi としています。
- password: ユーザ名に対応するパスワードを設定します。
- database: 接続する MySQL サーバ上に展開されているスキーマ名を指定します。ここでは、gbizinfo としましょう。

続いて、pysql.connect を用いて新しい接続である conn を作成します。このとき、文字コードとして utf8mb4 を設定します。

```python
import os
import pymysql
import pandas as pd
import matplotlib.pyplot as plt

host = 'localhost'
port = '3306'
user = 'hara'
password = '*****************'
database = 'gbizinfo'

conn = pymysql.connect(
    host=host,
```

```
14    port=int(port),
15    user=user,
16    passwd=password,
17    db=database,
18    charset='utf8mb4')
```

続いて、Pandasのread_sql_queryを用いてクエリを流し込みます。MySQL Work-bench で実行した、都道府県ごとの企業数を取得するクエリを書き込みます。そして、引数の2つ目にconnを指定します。

```
1  df = pd.read_sql_query(
2      "SELECT left(address, 3) as 都道府県, count(houjin_num)
       ↪   as 企業数 FROM gbizinfo.kihon group by 都道府県 order
       ↪   by 企業数 desc",
3      conn)
```

これにより、DataFrameにクエリの実行結果がそのまま展開されます。中身を確認してみましょう。dfの中身を確認するために、そのままdfとタイプし実行します。

```
1  df
```

先程 MySQL Workbench で観たものと同じデータが展開されていることが確認できます。

Out[7]:

	都道府県	企業数
0	東京都	1213710
1	大阪府	433993
2	神奈川	342653
3	愛知県	262871
4	埼玉県	245199
5	北海道	218910
6	千葉県	214930
7	福岡県	197381
8	兵庫県	188621
9	静岡県	120351
10	広島県	106545

図 4.91　df DataFrame の中身

続いて、せっかくなのでグラフを作ってみましょう。作業を行いやすいように、都道府県を index として指定し直します。

```
df.index = df['都道府県']
```

続いて、japanize-matplotlib パッケージを pip を用いてインストールします。これは、matplotlib で日本語を表示させるためのライブラリです。

```
!pip install japanize-matplotlib
```

横棒グラフを matplotlib を用いて作成します。縦軸 (Y 軸) のラベルとして都道府県を指定します。横軸と縦軸のフォントサイズを指定し、plt.barh の引数として df. 都道府県と df. 企業数をそれぞれ指定します。最後に、plt.show() で描画します。

```
1  import japanize_matplotlib
2  plt.ylabel("都道府県")
3  plt.yticks(fontsize=8)
4  plt.xticks(fontsize=10)
5  plt.barh(df.都道府県, df.企業数)
6  plt.show()
```

結果は以下の通りです。ちょっと都道府県の日本語が読みづらいかと思いますが、東京の企業数がかなり多い様子がプロット出来ています。

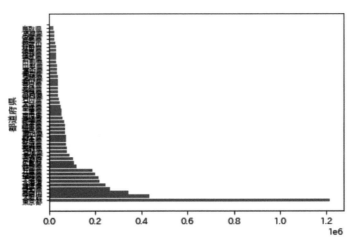

図 4.92　企業数を横棒グラフでプロットする

今度はヒストグラムで描画しましょう。plt.hist を用います。

```
1  plt.hist(df.企業数)
```

結果は以下の通りです。東京一極集中。

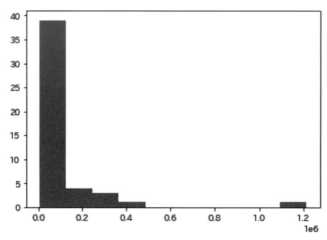

<BarContainer object of 10 artists>)

図 4.93　企業数の傾向をヒストグラムでプロットする

4.9 　Google BigQuery の使い方

　ここまで、MySQL をメインに SQL の利用方法を解説してきました。この章の最後に、Google BigQuery という、クラウド型のデータ管理システム（データウェアハウス）について取り上げたいと思います。Google BigQuery の特徴は、先程まで解説してきたローカル型の構成、すなわち、MySQL のサーバもクライアントも同じ PC 上にあるのとは異なり、すべてが Google のクラウド上で動作している仕組みだということです。厳密にいうと色々と細かな定義があるのですが、大まかに分けるとオンプレミス型とクラウド型という区分になるでしょうか。そして、クラウド型のシステムの恩恵のメリットについては、この本で委細を説明する必要もありませんが、(1) クラウド上のコンピューティングリソースを潤沢に活用することができる (課金すれば)、(2) バックアップ環境が用意されており、データを失う心配がない等が挙げられるかと思います。しかし、注意点もあります。それは、Google BigQuery を利用するためには通常料金を支払う必要があるということです[4]。そのためここでは、BigQuery Sandbox(サンドボックス) と呼ばれる、無償の範囲で Google BigQuery を利用できる仕組みに基づき解説したいと思います。なお、クラウド型のシステムらしく、Google BigQuery のインターフェースは逐次変化しています。この説明は、2023 年 5 月段階のインターフェースに基づくことをご承知おきください。

---

[4] 価格体系については `https://cloud.google.com/bigquery/pricing?hl=ja` を御覧ください。

4.9.1 BigQueryサンドボックスを利用する

BigQueryサンドボックスを利用するためには、まずはGoogle 検索などでGoogle BigQueryサンドボックスなどと検索します。すると、以下のような「サンドボックス スタートガイド」と題する画面が表示されます。

図4.94 サンドボックス スタートガイド

ここで、[BigQueryに移動]ボタンをクリックします。もしくは、`https://console.cloud.google.com/bigquery`をブラウザ上でタイプします。Google アカウントにログインしていない場合、ログインを求められます。続いて、利用規約に同意する場合には同意を行います。最後に、Google Cloud プロジェクトの作成を行います。

画面の遷移が終わると、[SQL ワークスペースへようこそ] という画面が表示されま

す。続いて、画面の中程にある [このクエリを開く] をクリックしましょう。

図4.95　SQL ワークスペースへようこそ

　チュートリアルがはじまり、自動的にデータベースが追加されます。画面に従い進ん
でいくと、"このクエリを実行する"という表示が現れるので、実行します。

図 4.96　BigQuery サンドボックスのチュートリアル

　[クエリ結果] という項目が現れ、そのタブの中の [結果] に、Day, Top_Term, Rank という項目が表示されていることがわかります。こちらは、Google Trends における毎日ごとのトップタームを出力するクエリであるようです。日本からアメリカの様子を観ていると日々 OHTANI さん祭りなのかと思いますが、やっぱり NHL が強いみたいですよね。

図 4.97 クエリの実行結果

　なお、クエリの中身は以下の通りです。これまでにみてきた MySQL 上でのクエリと同じく、SELECT, FROM, WHERE, GROUP BY, ORDER BY などから構成されていることがわかります。

```
1  -- This query shows a list of the daily top Google Search
↪   terms.
2  SELECT
3      refresh_date AS Day,
4      term AS Top_Term,
5          -- These search terms are in the top 25 in the US
↪          each day.
6      rank,
7  FROM `bigquery-public-data.google_trends.top_terms`
8  WHERE
```

```
 9    rank = 1
10        -- Choose only the top term each day.
11    AND refresh_date >= DATE_SUB(CURRENT_DATE(), INTERVAL 2
   ↪    WEEK)
12        -- Filter to the last 2 weeks.
13 GROUP BY Day, Top_Term, rank
14 ORDER BY Day DESC
15    -- Show the days in reverse chronological order.
```

⑷.⑼.② BigQuery パブリックデータからデータを取得する

　先程のチュートリアルで参照できた Google Trends データは、bigquery-public-data というスキーマの中に保存されています。こうした Google BigQuery 上で利用できるパブリックデータを見つけるためには、画面左側のエクスプローラーという文字列の隣にある "＋追加" というボタンをクリックします。

　追加のリストから"公開データセット"を選択します。

図 4.98 Google BigQuery にデータセットを追加する

画面が遷移し、無料のデータベースが全部で 208 個存在することがわかります。COVID-19 関連や仮想通貨、シカゴのタクシー運行状況など、因果推論にピッタリな、卒論がひとつ作れそうなデータセットがたくさんあることがわかります。

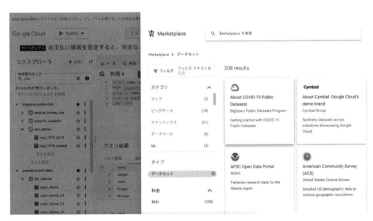

図 4.99 Google BigQuery Marketplace

ここでは、この中から、usa_names というデータベースを用いて簡単なクエリを実行しましょう。以下の内容を、クエリとして書き込みます。

```
1  SELECT name, gender, sum(number) as total
2  FROM `bigquery-public-data.usa_names.usa_1910_current`
3  group by name, gender
4  order by total desc
5  LIMIT 1000
```

　ここでは、アメリカの 1910 年から現在までの名前データベースを用いて、名前 (first name) およびそのジェンダー (gender) ごとに、名付け総数を合計しています。すなわち、以下のような内容を実行していることになります。

- 1行目 名前 (name), ジェンダー (gender)、数 (number) の合計数を sum 関数を用いて足し合わせ、それにエイリアス名として total と名付ける (Select)
- 2行目 bigquery-public-data.usa_names.usa_1910_current テーブルよりデータを取得する (From)
- 3行目 名前およびジェンダーごとにグループ化する (Group by)
- 4行目 Total の合計数に基づき、降順に並べる (Order by)
- 5行目 全部で 1000 件までに限定する (LIMIT)

　実行結果は以下の通りです。James や John が多いのは順当感があります。なんとなく。

図 4.100　クエリの実行結果

$$\boxed{4.9.3}$$ **Looker Studio で可視化する**

　先程のクエリの実行結果をダウンロードして、Python や Stata や Excel にインポートすれば、色々と可視化や、あるいは何かしらの誘導系のモデルの操作変数として用いることも出来そうですが、もうちょっと Google のクラウドの上で作業をしたいと思います。先程の画面にて、右端にある [データを探索] というタブをクリックすると、3 つの選択肢があることがわかります。ここではまず、[Looker Studio で調べる] をクリックしましょう。アカウント利用の承認などを行う必要がある場合、該当するポップアップが表示されます。続いて、以下の画面が表示されます。

図4.101 Looker Studio の初期画面

　ここに、グラフを追加したいと思います。上のメニューから [グラフを追加] を選択し、グラフの種類の中から"ツリーマップ"を選択します。

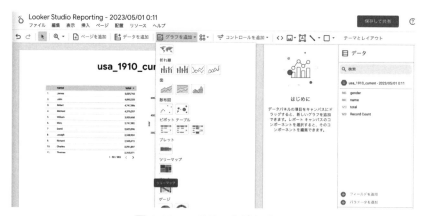

図4.102 グラフを追加する

　自動的に名前とその数に応じた面積によってプロットされたツリーマップが表示され

ます。ここでは、プロットするジェンダーを男性 (M) のみに限定しましょう。グラフの"設定"を下の方に遷移させると"フィルタ"-"ツリーマップのフィルタに、[フィルタを追加] するという項目があるのでクリックします。一致条件として、"gender" を項目から選択し、続いて条件リストから"次に等しい (=)"を選択します。最後に、M をタイプします。そして、保存をクリックします。

図4.103 フィルタを追加する

結果は以下の通りです。名前の総数順にプロットされています。

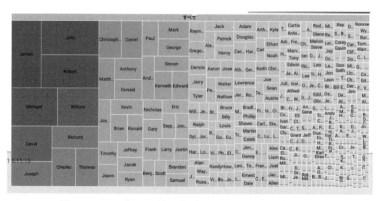

図4.104 ジェンダー (M) のツリーマップリスト

4.9.4 Google Colaboratory でデータ処理する

　Google BigQuery の画面に戻り、先程と同じく [データを探索] から [Colab ノートブックで探索] をクリックしましょう。ここでは、Google Colaboratory を用いて Google BigQuery を用いて収集したデータの処理を行うことができます。

図 4.105 Google Colab を選択する

ここでは、Colaboratory が Google アカウントにアクセスすることを許諾する必要があります。まず、リンクさせる Google アカウントを選択します。

図 4.106 Google アカウントを選択する

続いて、許可をする内容を確認し、最後に"許可"を選択します。

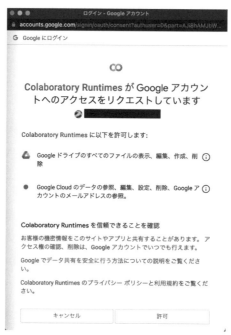

図4.107　Google アカウントへのアクセスリクエストを許可する

続いて、Google Colaboratory の画面に遷移します。順番にスクリプトを実行すると、Google BigQuery 上で実行したクエリが読み込まれ、データが展開されることが確認できます。先程 Looker Studio で確認したのと同じデータセットが、Pandas DataFrame として展開されたことが確認できます。

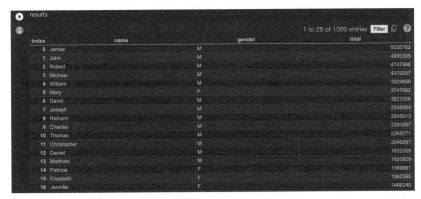

図4.108 Google Colaboratory 上で BigQuery のクエリを参照した結果

この Notebook では、一例としてデータの集計が行われています。ここでは、

```
1 results.describe()
```

の結果を確認できます。

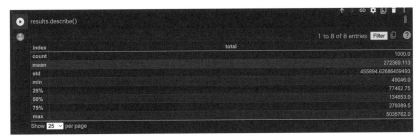

図4.109 データの要約の結果

4.9.5 Google Spreadsheet でデータの集計を行う

　最後に、Google Spreadsheet でデータを展開しましょう。Google BigQuery に戻り、[データを探索] から [シートを使って調べる] を選択します。

図 4.110　Google Spreadsheet を選択する

　Google SpreadSheet に遷移し、"データを接続しました"というポップアップが表示されます。続いて、[使用する] をクリックします。

図4.111 「データを接続しました」

"接続シート 1"として、Google BigQuery で取得したクエリの結果が反映されていることがわかります。ここでは、左端の [グラフ] を選択します。

図 4.112 Google Bigquery の結果が Spreadsheet に反映される

　ここでは、横棒グラフを作成しましょう。Y 軸に name, 系列に total の合計数を求め、フィルタとして total を指定し、100 万以上のエントリのある name のみプロットすることにしましょう。結果は以下のようになります。

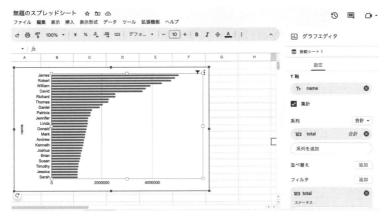

図 4.113　Spreadsheet でグラフを作成する

困ったときの逆引き事典

1 Python で基本的なプログラミング構文を学ぶ

　ここでは、Python 上で利用できる基本的なプログラミング構文についてご紹介します。世の中には多くのプログラミング言語があり、その書き方には絶妙に違いがあるのですが、for 文や while 文, if 文など、どの言語でも必ず使う基本的な構文というものは存在します。そうした基本構文になれておけば、たとえば Python が「話せる」ようになった後に、R や C, C++ や Ruby に移ることは、英語をマスターした後にドイツ語やフランス語を習得するくらいには、心理的障壁が低くなります (決して、「簡単になる」とは書いていないことにご留意ください)。

1 標準出力

　まずは、入力したことをそのまま出力してみましょう。多くのプログラミング教則本では、"Hello, World!" という文字列を出力することからすべてが始まっています。今回は Python3.x 系を利用しているため、日本語で「こんにちは、世界」とタイプし、それを print で囲みましょう。このとき、表示したい文字列をダブルクオーテーション (") で区切るのを忘れないようにしてください。

```
1  print("こんにちは、世界")
```

　結果は以下の通りです。print 内にダブルクォーテーションで指定した内容が出力されます。

```
1  こんにちは、世界
```

　続いて、変数を用いてみましょう。C や Fortran などでは、事前にどのような型で変数を作成するか指定することがありますが、Python の場合には変数の作成時、値を代

入することで型を指定することができます。ここでは、s に"うさぎさん", i に 48 を指定します。print 文では、シングルクオーテーション (') 内に指定する文字列を記述します。このとき %s では文字列を出力すること、%d には数値を代入した形で出力することを指定します。次いで、"% (s, i)" に、利用する変数を指定します。

```
1  s = 'うさぎさん'
2  i = 48
3
4  print('%s は %d 歳です。' % (s, i))
5  # %s に文字列を指定できる
6  # %d に数字を指定できる
```

このときの出力は、以下のようになります。うさぎさんは 48 歳。

```
1  うさぎさんは 48 歳です。
```

また、値の型を確認してみましょう。先ほどそれぞれ"うさぎさん"と"48"という値を指定した s および i について、型のタイプを確認します。

```
1  print(type(s))
2  print(type(i))
```

結果は以下の通りです。s は str (文字列) 型の変数、i は int(整数) 型の変数であることが確認できます。

```
1  <class 'str'>
2  <class 'int'>
```

2 数値演算

　続いて、数値計算を行ってみましょう。それぞれ、足し算と割り算と掛け算と引き算の例を示しています。このとき、/ と表記した場合、可能な限り割り切ること、// と表記した場合は小数点以下は省略することがご確認頂けるかと思います。

```python
1  #足し算
2  print(100+1)
3  #割り算
4  print(100/3)
5  #割り算　(小数点以下省略)
6  print(100//3)
7  #掛け算
8  print(10*3)
9  #引き算
10 print(100-3)
```

　結果は以下の通りです。

```
1  101
2  33.333333333333336
3  33
4  30
5  97
```

3 データ型の変換

Pythonではデータの型を変換することが出来ます。以下の例では、int型で作成したデータをfloat型やstring型に変換しています。

```python
#int 型でデータを作成する
data=123
print(data, "データ型:",type(data))

#float 型に変換する
data2=float(data)
print(data2, "データ型:",type(data2))

#str 型に変換する
data3=str(data)
print(data3,  "データ型:",type(data3))

#String 同士になるので、接合出来る
string = "うさぎ"
string2 = "%"
print(string+data3+string2)

#data2 は float 型なので、TypeError が発生する
print(string+data2+string2)
```

結果は以下の通りです。最後のprint文はfloat型とstring型のデータを足し合わせようとしているので、エラーが発生しています。

```
1  123 データ型: <class 'int'>
2  123.0 データ型: <class 'float'>
3  123 データ型: <class 'str'>
4  うさぎ123%
5  ---------------------------------------------------
6  TypeError                                 Traceback (most
   ↪  recent call last)
7  <ipython-input-12-e128f7c8766c> in <module>
8       17
9       18 #data2 は float 型なので、TypeError が発生する
10 ---> 19 print(string+data2)
11
12 TypeError: must be str, not float
```

4 for 文

　続いて for 文のご説明です。複数の属性を有し、多くのサンプルサイズを持つクロスセクションデータやパネルデータなどの多変量データを扱うことが多いであろう本書の(想定) 読者の場合、おそらく for 文を用いることが最も多くなるのではないかと考えています。そのため、いくつかの具体的な手法について記すことにします。

　まずは基本から進めてみましょう。animals という変数を宣言し、そこに「うさぎ」、「くま」、「パンダ」の 3 つの文字列を代入します。このとき、それぞれの情報はシングルクオーテーション (') で囲み、カンマ (,) で区切るようにしています。このとき、animals は動物の名前が収められた配列になっています。

　続いて、for 文の出番です。"for name in animals" では、animals の項目ごとに、name

に値を代入し繰り返すことを指定しています。そして、最後のコロン (:) 以下に、繰り返し行いたい作業を指定します。Python の場合は、改行後タブ (Tab) でインデントした箇所に、for 文によるループ内で繰り返し行いたい作業を記述します (プログラミング言語によってこの辺りの書き方は異なるのでご注意ください)。ここでは、animals の内容をループ 1 回ごとに先頭から取り出し、name に取り出し、それを出力する。という動作を行っています。

```
1  animals = ['うさぎ', 'くま', 'パンダ']
2
3  #animals のリストの中にうさぎとくまとパンダが入っている
4  #animals のリストが続く間 name に値を放り込み、それを print に表示させる
5
6  for name in animals:
7      print(name)
```

結果は以下の通りです。先ほどの animals の場合、配列内に覚められている要素が順番に取り出されていることが確認できると思います。

```
1  うさぎ
2  くま
3  パンダ
```

続いて、for 文で分岐させる処理について具体例を示してみます。先ほどと同じく、animals を配列として作成し、「うさぎ」と「くま」と「パンダ」を指定します。先ほどと同じく "for name in animals:" で、animals の項目数分ループを繰り返すことにしますが、ここでは、6 行目以降に if 文を指定しています。

if 文は、特定の条件を満たす場合に行動を分岐させるために用います。ここでは、"if

name == 'くま':" としています。くまという文字列がname内に存在する場合に、コロン以後の改行の、タブ (tab) でインデントした部分に記述した動作を行います。ここでは、print 文を用いて"途中終了します"という文字列を出力し、ループを止める (break) ことを記しています。

```
1   animals = ['うさぎ', 'くま', 'パンダ']
2
3
4   #name 内の値がくまの場合、for 文の処理が途中で終了する
5
6   for name in animals:
7       if name == 'くま':
8           print('途中終了します')
9           break
10      print(name)
```

そのため、結果は以下のようになります。animals のひとつめである「うさぎ」はそのまま出力されますが、配列内の二つめに入っている「くま」は、if 文の上限と合致するために出力されず、その代わりに文字列として "途中終了します" が出力され、break 文によってループが終了します。

```
1   うさぎ
2   途中終了します
```

先ほどの for 文内の処理の場合には break 構文を用いループ処理を途中終了しましたが、今度は継続するパターンについてもご紹介したいと思います。以下の構文の場合、"if name == 'うさぎ':"のコロン以下の、改行後のタブでインデントした部分で、

name の内容が「うさぎ」だった場合の処理について記述しています。具体的には、print 文を用い「スキップします！」という出力を行い、続いて、continue 構文を用いて、ループを止めることなく次のループに進むことを指定しています。

```python
1  animals = ['うさぎ', 'くま', 'パンダ']
2
3  #name 内の値がうさぎの場合、当該ループは出力をスキップする
4
5  for name in animals:
6      if name == 'うさぎ':
7          print('スキップします！')
8          continue
9      print(name)
```

この場合、出力は以下のようになります。「うさぎ」の代わりに「スキップします！」という言葉が出力されます。

```
1  スキップします！
2  くま
3  パンダ
```

………人生で Python を使って「うさぎ」、「くま」、「パンダ」を順番に出力する実務上の要請はおそらくないかと思いますが、この配列に入っているのが卒論、修論や博論、学術論文のためのデータセットですと、こうしたデータの特性ごとの分岐は様々な場面でお使いいただくことがあるかと思います。かくして、もうしばらくいろいろな for 文の記法にお付き合い頂ければと思います。

　以下でご紹介しているのは for～else 構文です。1行目から4行目は最初に示した for

文と同じですが、ここでは5行目に"else:"を追記しています。これにより、animals の項目数分のループ処理が終了した後の、処理を記述することが出来ます。これまでと同じく、コロンの後に改行し、タブ (tab) でインデントした後に print 文で出力内容を指定しています。

```
1  animals = ['うさぎ', 'くま', 'パンダ']
2
3  for name in animals:
4      print(name)
5  else:
6      print('うさぎとくまとパンダがあらわれた！')
```

結果は以下のようになります。より実践的には、ループ終了後の処理を記述しておき、処理した配列をまとめて出力する、などの処理が可能になります。

```
1  うさぎ
2  くま
3  パンダ
4  うさぎとくまとパンダがあらわれた！
```

続いて、range を用いた処理についてご紹介します。range の括弧内に繰り返し処理を行う回数を指定することで、ループ処理を行うことが可能になります。ここでは、i に値を代入することでうさぎの号数を順番に増やしています。このとき、初学者が注意する必要があるのは、こうしたコンピューターの処理の多くは 0 からスタートすることです。

```
1  for i in range(5):
```

```
2      print("うさぎ",i,"号")
```

　そのため以下に結果を示すように、range(5) と指定すると、うさぎは 0 号から 4 号まで存在することになります。Python をつかって眠るときにうさぎを数えるにしても、ちょっと困ることになりそうです。

```
1  うさぎ 0 号
2  うさぎ 1 号
3  うさぎ 2 号
4  うさぎ 3 号
5  うさぎ 4 号
```

　そこで、出力時に 0 からではなく 1 から始めることにします。その場合、for 文内のループ時に指定している print 文内で i ではなく、i+1 と指定することにします。

```
1  for i in range(5):
2      print("うさぎ",i+1,"号")
```

　結果は以下のようになります。range(5) を指定した場合、for 文内で i は 0 から 4 まで 5 回分変化することになります。そこで、i+1 とすることで、出力時には 1 から 5 まで変分したことを出力しています。うさぎ 1 号、うさぎ 2 号、うさぎ 3 号....zzz...

```
1  うさぎ 1 号
2  うさぎ 2 号
3  うさぎ 3 号
4  うさぎ 4 号
```

```
5    うさぎ 5 号
```

range では、開始の値を 0 以外にすることも可能です。以下の例では range(開始値, 終了値, 変分値) として指定しています。

```
1  for i in range(18, 0, -3):
2      print("うさぎ",i,"号")
```

結果は以下の通りです。18号から開始し、3号まで-3ずつされながら出力されています。

```
1   うさぎ 18 号
2   うさぎ 15 号
3   うさぎ 12 号
4   うさぎ 9 号
5   うさぎ 6 号
6   うさぎ 3 号
```

5 enumerate 文

続いて enumerate 文の説明を行います。enumerate 文は Python 独自の構文で、その配列の入っている番号 (インデックス値; Excel や MySQL Workbench でいう、左端にある列の数字) と実際の項目を同時に取り出すことが出来ます。

これまでと同じく、animals に動物の名前を入れます。続いて、for 文を用いて値を取り出していくのですが、先ほどと異なり range ではなく、enumerate の括弧内に animals を指定しています。また、for 文の添え字として, name のみならず i を指定し

ています。

```
1  animals = ['うさぎ', 'くま', 'ぱんだ', 'ねこ']
2
3  #enumerate文
4  #インデックス (連番) と結果を同時に取得する
5
6  for i, name in enumerate(animals):
7      print(i, name)
```

　結果は以下のようになります。animals に収められた順番に、「うさぎ」、「くま」、「ぱんだ」、「ねこ」が取り出されていますが、それと同時に、配列番号として 0 から 3 が同時に出力されていることがわかります。

```
1  0 うさぎ
2  1 くま
3  2 ぱんだ
4  3 ねこ
```

　そのため、先ほどの for 文と同様、出力時に i ではなく i+1 を指定することで、0 からではなく 1 から配列番号を出力することが出来ます。

```
1  animals = ['うさぎ', 'くま', 'ぱんだ', 'ねこ']
2
3  #enumerate文
4  #インデックス (連番) と結果を同時に取得する
5
```

```
6  for i, name in enumerate(animals):
7      print(i+1, name)
```

この場合、以下のような出力になります。

```
1  1  うさぎ
2  2  くま
3  3  ぱんだ
4  4  ねこ
```

6 zip文

　続いては zip 構文です。同時に複数の項目を取り出せるのが zip のメリットです。同じ配列の長さのデータがバラバラになっている場合、zip で「つなぎ合わせる」ことで様々な処理を行うことが出来るようになります。

　以下の例では、"名前"に「うさぎ」と「くま」と「ぱんだ」を、"年齢" に具体的な数値を入れています (1-2 行目)。for 文を用い項目ごとの値を取り出すときに、zip の中にそれぞれの変数名をカンマで区切り指定しています (6 行目)。また、zip で接合した変数リストを、それぞれ name と age に取り込み表示することを指定しています。最後に、print(name, age) で、値を出力しています (7 行目)。

```
1  名前 = ['うさぎ', 'くま', 'ぱんだ']
2  年齢 = [48, 33, 46]
3
4  #名前と年齢を同時に取り出せる
5
```

```
6   for name, age in zip(名前, 年齢):
7       print(name, age)
```

結果は以下の通りです。動物ごとに、年齢が出力されています。

```
1   うさぎ 48
2   くま 33
3   ぱんだ 46
```

zip では 2 つの項目ではなく、複数以上の配列を繋ぎ合わせることが可能です。以下の例では、先ほどの"名前"と"年齢"に加え、"身長"もあわせて出力します。

```
1   名前 = ['うさぎ', 'くま', 'ぱんだ']
2   年齢 = [48, 33, 46]
3   身長 = [50,180,220]
4
5   #名前と年齢を同時に取り出せる
6
7   for name, age, height in zip(名前, 年齢, 身長):
8       print(name, age, height)
```

結果は以下のようになります。

```
1   うさぎ 48 50
2   くま 33 180
3   ぱんだ 46 220
```

7 enumerate と zip 文を一緒に使う

ここまでに取り上げた enumerate と zip 文を組み合わせて出力を行いましょう。先ほどの zip 文の場合と記法はほぼ同じですが、ここでは、for 文でループを指定する際に、"enumerate(zip(名前, 年齢))"と指定しています (6 行目)。これにより、名前と年齢を同時に取り出すと同時に、配列の番号も同時に出力することが出来ます。

```
1  名前 = ['うさぎ', 'くま', 'ぱんだ']
2  年齢 = [48, 33, 47]
3
4  #名前と年齢を同時に取り出せる
5
6  for name, age in enumerate(zip(名前, 年齢)):
7      print(name, age)
```

結果は以下の通りです。「名前」に収められた項目が name に、「年齢」に収められた項目が age を通じて出力されると同時に、その項目の番号が出力されていることが確認できます。

```
1  0 ('うさぎ', 48)
2  1 ('くま', 33)
3  2 ('ぱんだ', 47)
```

8 for 文を用いた多重ループ

続いて、極めて利用用途が多いであろう多重ループのご説明です。for 文の中にさらに for 文を記述することで、ある特定のループ内で、さらにループでの処理を行うことが出来るようになります。

Python の場合、for 文や if 文など、ある特定の命令を行ったあとの処理はタブ (Tab) を用いインデントすることで記述します。以下の例の場合、出力する項目として loop1 には「うさぎ」、「くま」、「ぱんだ」、「ぬこ」を、loop2 には「にんじん」、「プリン」、「笹」、「魚」をそれぞれ指定しています (とりあえず、好物ということにさせてください)。

まず、4 行目ではひとつめのループを指定しています。ここでは、loop1 の項目ごとに、i を変化させていくことを指定しています。続いて 5 行目では、改行しタブ (tab) を用いてインデントした中に、次のループの内容を指定しています。ここでは、loop2 の項目ごとに、j の項目を変化させていくことを指定しています。続いて 6 行目では、さらに改行しタブ (tab) を用いてインデントした中に、この多重ループ内で行う動作を指定しています。ここでは、print(i, j) と、それぞれのループ内で取り出した項目を出力することを命令しています。

```
1  loop1 = ['うさぎ', 'くま', 'ぱんだ', 'ぬこ']
2  loop2 = ['にんじん', 'プリン', '笹', '魚']
3
4  for i in loop1:
5      for j in loop2:
6          print(i, j)
```

結果は以下のようになります。まず、loop1 の先頭の項目である「うさぎ」が取り出されます。続いて、そのループ内で loop2 の項目である「にんじん」、「プリン」、「笹」、「魚」が取り出され、「うさぎ」と共に出力されていきます。「魚」まで出力されると、5 行目で指定されたループが終了し、続いて 4 行目で指定されたループの二週目がはじまります。かくして、「くま」とともに各項目が出力されます。

```
1  うさぎ  にんじん
2  うさぎ  プリン
```

3	うさぎ	笹
4	うさぎ	魚
5	くま	にんじん
6	くま	プリン
7	くま	笹
8	くま	魚
9	ぱんだ	にんじん
10	ぱんだ	プリン
11	ぱんだ	笹
12	ぱんだ	魚
13	ぬこ	にんじん
14	ぬこ	プリン
15	ぬこ	笹
16	ぬこ	魚

9 itertools を使った多重ループ

先ほどの多重ループは itertools パッケージを用いても実装することが出来ます。

```
1  import itertools
2  #itertools というパッケージを利用する
3
4  loop1 = ['うさぎ', 'くま', 'ぱんだ', 'ぬこ']
5  loop2 = ['にんじん', 'プリン', '笹', '魚']
6
7  #intertools の product メソッドを用い二重ループを作成する
```

```
 8
 9  for i, j in itertools.product(loop1, loop2):
10      print(i, j)
```

先ほどと同じ結果が出力されます。

10　if文

　続いて、if 文のご説明です。すでに for 文の説明で利用しましたが、if 文を用いること
で特定条件による分岐を設けることが可能になります。ここでは、def を用いて if_test
という関数を作成することで動作を確認しています。4 行目の"def if_test(number)" で
if_test という関数を作成し、その引数 (関数に取り込む値) として number を利用して
います。続いて、5 行目から 8 行目で関数の内容を記述しています。これまでと同様、
タブ (tab) を用いてインデントしています。まず、5 行目では number の値が 2 から 8 の
間に入るかどうかを確認し、その場合には、6 行目で"1 < number < 9" と出力するこ
とを指定します。続いて、7 行目では"else:" と記述します。5 行目に示した条件に沿わ
ない場合の動作を、この行から以下で指定することを示しています。今回の場合、8 行
目で"number <= 1 or number >= 9" と出力することを示しています。10 行目および
11 行目では、この関数 if_test に 5 および 0 を指定し、値の判断を行っています。

```
1  #def 文は関数を指定する
2  #この場合、if_test という関数を作成している
3
4  def if_test(number):
5      if 1 < number < 9:
6          print('1 < number < 9')
7      else:
```

```
8            print('number <= 1 or number >= 9')

9

10  if_test(5)

11  if_test(0)
```

結果は以下の通りです。

```
1  1 < number < 9

2  number <= 1 or number >= 9
```

11 論理演算子

Python でも論理演算を行うことが出来ます。ここでは、うさぎさんを True(真
=True)、くまさん (偽=False) として演算を行ってみましょう。

たとえば、うさぎさん ∧ くまさん としてこの二つの論理積を取ってみましょう。う
さぎさんは True, くまさんは False なので、結果は False になります (4 行目)。

続いて、うさぎさん ∨ くまさん としてこの二つの論理和を取ってみましょう。うさ
ぎさんは True, くまさんは False なので、結果は True になります (8 行目)。

また、それぞれの否定を取ってみます。True であるうさぎさんの否定 ¬ うさぎさん
を取るため、結果は False になります (12 行目)。

同様に、False であるくまさんの否定 ¬ くまさんを取るため、結果は True になりま
す (12 行目)。

```
1  うさぎさん = True

2  くまさん = False

3

4  print(うさぎさん and くまさん)
```

```
 5  #うさぎさんが True でくまさんが False。
 6  #AND [論理積] なので、False になる
 7
 8  print (うさぎさん or くまさん)
 9  #うさぎさんが True でくまさんが False。
10  #AND [論理和] なので、True になる
11
12  print (not うさぎさん)
13  #うさぎさんは True
14  #逆を取るので、False になる
15
16  print (not くまさん)
17  #くまさんは False
18  #逆をとるので、True になる
```

結果は以下の通り出力されます。

```
 1  False
 2  True
 3  False
 4  True
```

12　while 文

　最後に、こちらも利用用途の多い while 文をご紹介したいと思います。while 文は、すでにご紹介した for 文と似たように見えますが、「ある条件を満たすまで繰り返し続

ける」と点で違いがあります。

　以下の例では、まず変数 i に 0 を代入しています (2 行目)。そして、"while i < 5:" と指定することで、i の値が 5 になるまでは作業を繰り返し続けることを指定しています (5 行目)。続いて、6 行目では"くまさん"という言葉とともに、i の値を出力しています。このとき、i の値には 0 が代入されているため、最初は"くまさん 0" と出力されます。7 行目では、"i += 1" と明記しています。これは、"i=i+1"と同様で、現在の i の値に 1 を足し合わせています。これにより、次のループでは i の値が 2 となり、これを i の値が 5 になるまで繰り返すことになります。

```
1  #変数 i に 0 を入れる
2  i = 0
3
4  #i が 0 から 5 になる間繰り返す
5  while i < 5:
6      print("くまさん",i)
7      i += 1
```

　結果は以下の通りです。For 文と出力結果は似ていますが、条件の指定の方法が異なることを覚えておいて頂けると良いかなと思います。

```
1  くまさん 0
2  くまさん 1
3  くまさん 2
4  くまさん 3
5  くまさん 4
```

　最後は無限ループです。文字通り、永久に同じ作業を繰り返すことを行います。ただし、コンピューターが動いている限り文明の滅亡まで同じ作業を繰り返すことになるため、例外処理という仕組みを併せてご紹介します。

　まず、1行目では time パッケージをインポートしています。続いて、4行目で"try:"を指定しています。これは、例外処理を行うための宣言文になります。ここでは、8行目にある"except KeyboardInterupt:" にて例外処理を実施します。キーボードの命令により中断処理が行われたとき、改行しインデントされた箇所に記載されている命令を実行します。ここでは、"終了します!" と出力することにしています (9行目)。キーボードによる中断は、Windows の場合には Control キーと D を同時に、Mac の場合には command キーと c を押すことで実行できます。もしくは Jupyter Notebook の場合には、停止ボタンを押してください。

　さて5行目から7行目に指定された無限ループ内では以下の作業を行います。まず5行目では "while True:"と記載されています。True である間、永久に動作を繰り返すことになります。続いて、6行目では time.sleep(1) と指定されています。1秒間、動作を止める作業をしています (第2章で詳説した、Web API のコードの一部でも利用しています)。次いで、7行目では「うさぎとくま...」と出力することを指定しています。すなわち、このソースコードでは、キーボードによる中断操作が行われない限り、1秒ごとに永久に「うさぎとくま...」が出力されるようになっています。

```
1  #time パッケージをインポートする
2  import time
3
4  try:
5      while True:
6          time.sleep(1)
```

```
7              print(' うさぎとくま...')
8   except KeyboardInterrupt:
9       print('!終了します!')
```

結果は以下の通りです。

```
1   うさぎとくま...
2   うさぎとくま...
3   うさぎとくま...
4   うさぎとくま...
5   うさぎとくま...
6   うさぎとくま...
7   うさぎとくま...
8   うさぎとくま...
9   うさぎとくま...
10  うさぎとくま...
11  うさぎとくま...
12  !終了します!
```

2 pip でパッケージを導入する

　Python 上で利用できる新たなパッケージを導入する際、簡便な方法としてパッケージ管理システムである pip を利用する方法が挙げられます。ここでは、Notebook 上から pip を実行する方法をご紹介します。

今回は、論文データベースである Web of Science と Scopus のデータセットをマージするツールである scopus_of_science (https://pypi.org/project/scopus-of-science/) を例にします。

Notebook 上で Python のコマンドを実行するには、先頭に「!」を付与します。

```
1  !pip install scopus-of-science
```

ファイルの収集が行われ、無事インストールされたことが確認出来ます。

```
1  Collecting scopus-of-science
2  WARNING: You are using pip version 20.1.1; however, version
   ↪  20.2.4 is available.
3  You should consider upgrading via the
   ↪  'C:\Users\yhara\Anaconda3\python.exe -m pip install
   ↪  --upgrade pip' command.
4
5    Downloading scopus_of_science-0.0.2-py3-none-any.whl (18
   ↪  kB)
6  Requirement already satisfied: pandas in
   ↪  c:\users\yhara\anaconda3\lib\site-packages (from
   ↪  scopus-of-science) (1.0.4)
7  Requirement already satisfied: python-dateutil>=2.6.1 in
   ↪  c:\users\yhara\anaconda3\lib\site-packages (from
   ↪  pandas->scopus-of-science) (2.8.1)
```

```
 8  Requirement already satisfied: pytz>=2017.2 in
    ↪   c:\users\yhara\anaconda3\lib\site-packages (from
    ↪   pandas->scopus-of-science) (2020.1)
 9  Requirement already satisfied: numpy>=1.13.3 in
    ↪   c:\users\yhara\anaconda3\lib\site-packages (from
    ↪   pandas->scopus-of-science) (1.18.1)
10  Requirement already satisfied: six>=1.5 in
    ↪   c:\users\yhara\appdata\roaming\python\python36\site-⌐
    ↪   packages (from
    ↪   python-dateutil>=2.6.1->pandas->scopus-of-science)
    ↪   (1.12.0)
11  Installing collected packages: scopus-of-science
12  Successfully installed scopus-of-science-0.0.2
```

　同様の作業は、Notebook からアクセス出来る Terminal 上からも行うことが出来ます。Terminal にアクセスするには、Jupyter Notebook 環境の場合 New -> Terminal を選択します。

　ここでは、先頭に「!」は必要ではなくなります。一例として、pip 自体のアップグレードを実施しましょう。

```
 1  Windows PowerShell
 2  Copyright (C) Microsoft Corporation. All rights reserved.
 3
 4  新しいクロスプラットフォームの PowerShell をお試しください
    ↪   https://aka.ms/pscore6
 5
```

```
6  PS C:\Users\yhara\Documents> pip install --upgrade pip
7  Requirement already up-to-date: pip in
   ↪ c:\users\yhara\anaconda3\lib\site-packages (20.2.4)
8  PS C:\Users\yhara\Documents>
```

 3 パッケージのバージョンを確認する

　導入したパッケージを確認するには、該当するパッケージを import した後、パッケージ名の末尾に"___version___"を付与することで確認することが出来ます。

```
1  import sklearn
2  import seaborn as sns
3  import gensim
4  import SPARQLWrapper
5  import tweepy
6  import statsmodels.api as sm
7
8  print("sklearn version", sklearn.__version__)
9  print("seaborn version", sns.__version__)
10 print("gensim", gensim.__version__)
11 print("SPARQLWrapper version", SPARQLWrapper.__version__)
12 print("tweepy version", tweepy.__version__)
13 print("statsmodels.api version", sm.__version__)
```

以下のように、バージョン番号が出力されます。

```
1  sklearn version 0.22.1
2  seaborn version 0.10.1
3  gensim 3.7.3
4  SPARQLWrapper version 1.8.4
5  tweepy version 3.7.0
6  statsmodels.api version 0.11.1
```

④ 砂場からダイヤモンドを探す（エラーの倒し方）

　この本では、コーディングについていくつか具体例をお示ししてきました。ただし、プログラミングというのは教科書やインターネット上に書いていること通りに動かないことが常であります。そこでこの本の最後に、インターネット上や書籍からコードを動かすためのコツを探す方法について、僕自身の経験をまとめておきたいと思います。

- まずは、エラーコードでそのままググりましょう。Stack Overflow や類似のサイトに、エラーコードが発生したときにどのように対処したか、手順を丁寧にまとめてくれている場合があります。出来れば、英語のサイトを閲覧するのがベターです。後述しますが、日本語の情報は限られているため、本当に必要な情報が見つからないパターンが多々あります。

- Google や Bing で検索した際、1つ目か2つ目に表示されるサイトは参考程度にしましょう。SEO により、検索自体は上位に表示されていますが、参照しても本質的な情報が書かれていないケースがあったりします。具体名を出すことは差し控えますが、より袋小路にはまり込む可能性があるのであまり参照しないことをオス

スメします。

- 本に書かれた通りに実行しましょう。本書を含め、データが社内や社外や、卒論の題材としてすでに存在しており、そのデータをなんとか処理するためにデータ分析本を手に取られている方がほとんどだと思います。そのため、「うさまるじゃなくて、ヨッシースタンプのグッズ一覧を知りたい」、「法人情報だけではなく、e-Statの情報も取得したい」という方が、この本で取り上げたようなサンプルデータを見てもピンと来ず、なんとなく一部分だけを入れ替えてソースコードを走らせようとすることがほとんどではないかなと想像しています。ただし、本書でも何度か書いてきたように、ソースコードというものはほんのちょっとしたズレで途端に動かなくなります。まずは、本やWebサイトにかかれていた通りそのまま動かすことが、近道になったりします。

- 誰かを頼りましょう。最後から最後までひとりですべて実行しようとしても、言語習得と同じく、心が折れる瞬間がたくさんやってきます。僕自身も、午前4時までかけて書いたコードが、間違えていたことを朝6時に気づいた。なんてこともたくさんありました。幸い今は、Kaggle、DiscordやSlackなど、共通の課題に取り組む仲間を見つけることが極めて容易であります。まずは、同じくらいのレベルの、同じコミュニティにいる仲間で、習得を始めるのが良いのかなと考えています。

索 引

〈著者紹介〉

原　泰史（はらやすし）

1982 年	愛知県みよし市生まれ
2002 年	株式会社クララオンライン
2009 年	日本学術振興会 特別研究員 DC1
2012 年	一橋大学イノベーション研究センター特任助手
2015 年	政策研究大学院大学科学技術イノベーション研究センター（GRIPS SciREX センター）専門職
2018 年	パリ社会科学高等研究院日仏研究センター (CEAFJP/EHESS) ミシュランフェロー
2019 年	一橋大学大学院経済学研究科特任講師
2022 年	神戸大学大学院経営学研究科准教授

現在、神戸大学大学院経営学研究科准教授。一橋大学、関西学院大学および学習院大学非常勤講師。一橋大学大学院経済学研究科、早稲田大学、政策研究大学院大学、関西学院大学、HR 総研客員研究員。

専門は、産業組織論。イノベーションプロセスの定量的分析

主要な業績に、Who explores further? Evidence on R&D outsourcing from the survey of research and development (2020 年, R&D Management), Drug Discovery in Japan (2019 年, Springer) 20 Years of Human Pluripotent Stem Cell Research: It All Started with Five Lines (2018 年, Cell Stem Cell)、『Python による経済・経営分析のためのデータサイエンス』(2021 年、東京図書) など

Python・Excel・ SQL による経済・経営分析のためのデータ処理入門

2023 年 7 月 10 日　第 1 版第 1 刷発行

© Yasushi Hara, 2023
Printed in Japan

著　者　原　　泰　史

発行所　**東京図書株式会社**

〒102-0072　東京都千代田区飯田橋 3-11-19
振替 00140-4-13803 電話 03(3288)9461
URL http://www.tokyo-tosho.co.jp

ISBN 978-4-489-02394-1